9 788196 054120

حیدرآباد کے بڑے لوگ

مصنف:

مولوی سید غلام پنجتن صاحب شمشاد

Hyderabad ke bade Log
by: Syed Ghulam Panjtan Shamshad
Edition: December '2022
Publisher & Printer:
Taemeer Publications, Hyderabad.

ISBN 978-81-960541-2-0

کتاب	:	**حیدرآباد کے بڑے لوگ**
مصنف	:	**سید غلام پنجتن صاحب شمشاد**
صنف	:	تحقیق
ناشر	:	تعمیر پبلی کیشنز (حیدرآباد، انڈیا)
زیر اہتمام	:	تعمیر ویب ڈیولپمنٹ، حیدرآباد
ترتیب / تہذیب	:	مکرم نیاز
سالِ اشاعت	:	۲۰۲۲ء
تعداد	:	(پرنٹ آن ڈیمانڈ)
طابع	:	تعمیر پبلی کیشنز، حیدرآباد -۲۴
صفحات	:	۱۵۰
سرورق ڈیزائن	:	مکرم نیاز

فہرست

ڈاکٹر سید محی الدین قادری زورؔ

کے نام

تعارف

مکرم نیاز

اس کتاب کے متعلق ڈاکٹر سید محی الدین قادری زور لکھتے ہیں کہ اس کتاب کے مطالعہ سے بیسویں صدی کی اولین نصف صدی کی زندگی نظروں کے سامنے آجاتی ہے اور ان اصحاب کی خدمات اجاگر ہو جاتی ہیں جنہوں نے اس مرحوم ریاست کی بیداری اور ہمہ جہتی ترقی کے لیے بے لوث خدمات انجام دی تھیں۔ دکن کی تاریخ میں یہ کتاب خاصی اہمیت اور خصوصیت کی حامل رہے گی۔

کتاب کے مصنف مولوی غلام پنجتن صاحب شمشاد کی تربیت علی گڑھ کے ایک بڑے معمار نواب محسن الملک کے سایۂ عاطفت میں ہوئی تھی۔ وہ حیدرآباد کے محکمۂ عدالت کے اعلیٰ عہدوں پر فائز رہنے کے بعد وظیفہ حسن خدمت پر علیحدہ ہوئے اور حیدرآباد میں اپنی ترقی پسندی اور قلندر مزاجی کے باعث مقبول اور مشہور رہے ہیں۔ انہوں نے حیدرآباد کے سیاسی حالات پر متعدد چھوٹی بڑی کتابیں لکھیں اور شائع کیں، وہ شاعر ہونے کے ساتھ مزاح نگاری کے استاد بھی رہے۔

جب ڈاکٹر زور نے مولوی ڈاکٹر عبدالحق معتمد انجمن ترقی اردو پاکستان سے خواہش کی تھی کہ وہ اپنے دور کے حیدرآباد کی زندگی اور شخصیات پر کوئی کتاب لکھیں تو انہوں نے اس سلسلے کا پہلا مضمون نواب عماد الملک پر لکھا اور شائع کروایا۔

جب پنجتن صاحب کو ڈاکٹر زور کی مولوی عبدالحق سے فرمائش کا علم ہوا تو وہ ناراض ہوئے۔ کیونکہ پنجتن صاحب کے بقول مولوی عبدالحق نے کبھی حیدرآباد اور اہلِ حیدرآباد کو صحیح نظر سے نہیں دیکھا تھا۔ ڈاکٹر زور نے پنجتن صاحب کی خفگی دور کرنے کے لیے ان سے استدعا کی کہ وہ خود حیدرآباد کی شخصیات پر مضامین تحریر فرمائیں۔

اس کے جواب میں پنجتن صاحب نے "حیدرآباد کے بعض بڑے لوگ" کے عنوان سے روزنامہ "سیاست" میں، بیسویں صدی کی پانچویں دہائی کے وسط میں مضامین شائع کروانا شروع کیے۔ ان مضامین میں نہایت اہم اور مفید تاریخی، سیاسی اور سماجی معلومات نہایت بے باکی سے قلمبند ہوئیں اور اس طرح ترقی پسندانہ اور شگفتہ انداز تحریر میں جدید حیدرآباد کے معماروں کا تذکرہ مرتب ہوتا گیا۔

بعد ازاں ڈاکٹر زور نے ادارہ ادبیات اردو کے شعبۂ تاریخ و ثقافتِ دکن کی طرف سے یہ مضامین کتابی صورت میں شائع کیے۔

تقریباً ڈیڑھ سو صفحات کی یہی کتاب تاریخ و ثقافتِ دکن کے موضوع میں دلچسپی رکھنے والے باذوق قارئین و محققین کی خدمت میں نئے ایڈیشن کے بطور پیش ہے۔

۱۷/ دسمبر ۲۰۲۲ء

حیدرآباد دکن (انڈیا)

مقدمہ

مولوی غلام پنجتن صاحب شمشاد علی گڑھ کے کھلنڈروں اور زندہ دل فرزندوں میں سے ہیں۔ ان کی تربیت علی گڑھ کے ایک بڑے معمار نواب محسن الملک کے سایۂ عاطفت میں ہوئی اور وہ لمبے عرصے علی گڑھ میں رہے اور وہاں کے گرم و سرد سے اتنے متاثر ہوئے کہ فرانس کے بادشاہ لوئی چہاردہم کی طرح "علی گڑھ۔ یہ میں ہی ہوں" کہنا ان کو زیب دیتا ہے۔

غلام پنجتن صاحب حیدرآباد میں محکمۂ عدالت کے اعلیٰ عہدوں پر فائز رہنے کے بعد وظیفہ حسن خدمت پر علیحدہ ہوئے ہیں لیکن اب بھی ایڈوکیٹ بن کر عدالتوں ہی سے اپنا تعلق جاری رکھا ہے۔ وہ ملک کی سیاسی اور سماجی زندگی میں شروع ہی سے دلچسپی لیتے آئے ہیں اور ہندوستان کے مشاہیر کے خواجہ تاش رہ چکے ہیں اور ہمیشہ اپنی اعلیٰ سیاسی بصیرت اور بے باکی اور جرأت طبع کی وجہ سے اپنے ہم چشموں میں ممتاز اور مفتخر رہے ہیں اور آج بھی حیدرآباد میں اپنی ترقی پسندی اور قلندر مزاجی کے باعث مقبول اور مشہور ہیں۔

انہوں نے حیدرآباد کے سیاسی حالات پر کئی چھوٹی چھوٹی کتابیں

لکھی اور شایع کی ہیں۔ ان میں سیاسی زینے، سیاسی منزلیں، سیاسی کہانی، مہدی نواز جنگ وغیرہ قابل ذکر ہیں۔ وہ شاعر بھی ہیں اور مزاحیہ نگاری میں استاد۔ ایک مجموعہ کلام جس میں صرف علی گڈھ سے متعلق نظمیں شامل ہیں "علیگیات" کے نام سے شایع ہو چکا ہے۔ جس کے آغاز میں انہوں نے ایک کافی دلچسپ اور شگفتہ مقدمہ بھی اپنے حسب حال نثر میں تحریر کیا ہے۔ یہ حصۂ نثر حصۂ نظم سے بھی بڑھ گیا ہے۔ گویا شرح متن سے زیادہ ہے اور اب یہ پتہ چلانا مشکل ہے کہ متن کونسا ہے اور شرح کونسی۔ اس کے دیباچے قاضی عبدالغفار اور آغا حیدر حسن مرزا صاحبان نے اپنا اپنا انداز بھول کر انہی کے رنگ میں قلمبند کیے ہیں۔

کوئی دو سال ہوئے راقم الحروف نے مولوی ڈاکٹر عبدالحق معتمد انجمن ترقی اردو پاکستان سے خواہش کی تھی کہ اپنے دور کے حیدرآباد کی زندگی اور شخصیتوں پر ایک کتاب لکھ دیں اور انہوں نے اس شرط سے وعدہ کرلیا تھا کہ سنین تاریخ، ناموں اور خطابوں کے بارے میں ان کی مدد میں خود کروں جس کو میں نے قبول کرلیا اور مولوی صاحب نے اسی سلسلہ میں پہلا مضمون نواب عمادالملک پر لکھا جو شایع ہو چکا ہے۔ اس کے بعد نہ میں حسب وعدہ کراچی جا سکا۔ اور نہ یہ معلوم ہو سکا کہ مولوی صاحب نے اور مضامین لکھے یا نہیں۔ اس اثنا میں پنجتن صاحب سے اس کا ذکر آیا۔ وہ بڑے ناراض ہوئے کہ میں نے مولوی صاحب سے ایسی خواہش کی۔ اس لیے کہ انہوں نے کبھی حیدرآباد اور اہلِ حیدرآباد کو صحیح نظر سے

نہیں دیکھا۔ پنجتن صاحب کی اس خفگی کو دُور کرنے کے لیے میں نے خود اُن سے استدعا کی کہ وہ میری فرمایش کی تکمیل فرمادیں اور بات آئی گئی ہوگئی۔

گذشتہ سال حیدرآباد کے بعض بڑے لوگوں کے عنوان سے روزنامہ سیاست حیدرآباد میں اُن کے مضامین شایع ہونے شروع ہوئے اور میں بڑی مسرت اور اشتیاق کے ساتھ ان کو پڑھتا رہا۔ میں نے محسوس کیا کہ ان مضامین میں نہایت اہم اور مفید تاریخی وسیاسی وسماجی معلومات بہت ہی بے باکی سے قلمبند کی جارہی ہیں اور اس طرح جدید حیدرآباد کے معماروں کا تذکرہ خود بخود مرتب ہورہا ہے جو اپنے ترقی پسندانہ اور شگفتہ انداز کی وجہ سے میرے لیے ایک نعمت غیر مترقبہ تھا۔ میں نے ادارے کے شعبۂ تاریخ وثقافت کے معتمد پروفیسر مجید صدیقی صاحب سے اس کا تذکرہ کیا اور چند اخبار بھی جن میں یہ مضامین شایع ہوئے تھے بھیج کر ان کی رائے طلب کی۔ انھوں نے بھی ان کو پسند کیا اور ایک طویل فہرست لکھ بھیجی کہ ان پر بھی پنجتن صاحب مضامین تحریر فرمادیں تو ایک مکمل تذکرہ مرتب ہوجائے گا۔

میں نے پنجتن صاحب کو اِن کی رائے سے مطلع کیا اور وہ فہرست بھیجدی۔ اس کے جواب میں انہوں نے لکھا کہ:-

"پروفیسر مجید کی فرمایش کی تعمیل ذرا مشکل ہے۔ فتح کا نقارچی بننا خاکسار کی عادت نہیں۔ ان میں سے بہت سے محض اپنے لیے پیدا ہوئے تھے۔"

البتہ اس فہرست میں سے دو اصحاب پر انہوں نے مضامین لکھ بھیجے اور اب ادارے کے شعبۂ تاریخ کی طرف سے یہ مضامین

کتابی صورت میں شایع ہو رہے ہیں۔ ان میں کچھ مضامین نقوش کے شخصیات نمبر جلد دوم سے حاصل ہوئے۔ دو مضامین غیر مطبوعہ ہیں اور اکثر روزنامۂ سیاست سے لیے گئے ہیں۔

اس کتاب کے مطالعہ سے حیدرآباد کی گذشتہ نصف صدی کی زندگی نظروں کے سامنے آجاتی ہے اور ان اصحاب کی خدمات اجاگر ہو جاتی ہیں جنہوں نے اس مرحوم ریاست کی بیداری اور ہمہ جہتی ترقی کے لیے بے لوث خدمات انجام دیں۔ دکن کی تاریخ میں یہ کتاب ایک خاص اہمیت اور خصوصیت کی حامل رہے گی۔

سید محی الدین قادری زور　　　　۱۰ر جنوری سنہ ۱۹۵۷ء

محمد اصغر، نواب اصغر یار جنگ

دیسی ریاستوں میں سیاست کا دائرہ صاحب عالی شان بہادر اور والیِ ریاست کی مزاج شناسی تک محدود تھا۔ محمد اصغر پہلے مسلمان تھے جو قومی نمائندے کی حیثیت سے صحیح معنوں میں اس دائرے کے باہر آئے۔ ان کے طرزِ عمل سے پنڈت کیشو راؤ اور وامن نائک آنجہانی کے مشن کو شروع شروع میں بڑی مدد پہنچی۔ ان لوگوں کے گھر سیاسی شعور کے پرچار کے مرکز بن گئے اور مسز سروجنی نائیڈو کے مسلسل باہر رہنے سے جو خلا پیدا ہوتا وہ دفع ہوتا رہتا۔ محمد اصغر مرحوم طغیانی رود موسیٰ سے کچھ پہلے اپنے عزیز قریب خالہ زاد بھائی حکیم عبدالرزاق صاحب سے ملنے آئے اور پھر یہیں کے ہو رہے۔

محمد اصغر یوسف پور ضلع غازی پور میں ١٢٩٠ھ ہجری میں پیدا ہوئے تھے۔ ان کے والد مولوی محمد اکبر مرحوم اس زمانے کے چوٹی کے وکیلوں میں تھے۔ جب صدر عدالت دیوانی آگرہ میں تھی اور الہ آباد ہائی کورٹ کا قیام عمل میں نہیں آیا تھا۔ انہوں نے سرسید کی غازی پور میں وکٹوریہ اسکول قائم کرنے میں بڑی مدد کی تھی۔ محمد اصغر نے اسی اسکول سے انٹرنس کا امتحان پاس کیا۔ سنٹرل کالج الہ آباد سے انٹرمیڈیٹ کرکے وہ ایم اے او کالج میں شریک

ہوئے۔ وہ پہلے طالب علم تھے جو ایک سال بورڈنگ میں رہ کر دوسرے سال اسٹوڈنٹس یونین کلب کے وائس پریسیڈنٹ منتخب ہوگئے۔ یہ اعزاز انہیں ۱۸۹۰ء میں اس وجہ سے ملا کہ وہ اچھے مقرر تھے اور بہت جلد بورڈنگ میں ہر دلعزیز ہوگئے۔ اگلے سال وہ انجمن اخوان الصفاء کے معتمد بھی بن گئے انہیں صرف "کاکسز اسپیکنگ پرائز" نہیں ملا بلکہ سر ٹامس بیلے نے ان کی خوش بیانی اور طرز ادا کی تعریف کی۔ ان کی قابلیت اور ذہنیت اس سے اور اجاگر ہوجاتی ہے کہ اس وقت کالج میں مولانا محمد علی، سر وزیر حسن، سید سجاد حیدر یلدرم، ضیاء اللہ خاں اور مچھلی شہر کے محمد اسمٰعیل ایسے تیز اور ذہین طلبا موجود تھے۔ محسن الملک ان کو بہت پسند کرتے تھے۔ وہ جب مسلم یونیورسٹی اور سر سید میموریل فنڈ کے لئے چندہ جمع کرنے نکلے تو بعض اضلاع میں انہیں اپنے ساتھ لے گئے۔ الہ آباد، گورکھپور وغیرہ اور وہاں پر ان سے تقریریں کرائیں۔ یہ وہ زمانہ تھا جب صوبے کے لفٹننٹ گورنر سر انٹونی میکڈانلڈ ہندی کی حمایت میں اردو کی بیخ کنی پر تلے ہوئے تھے اور محسن الملک نے اردو ڈیفنس ایسوسی ایشن بنائی تھی۔ اس تحریک میں نوجوان محمد اصغر نے بڑا حصہ لیا اور مختلف مقامات سے اردو کی موافقت میں تار اور رزولیوشن بھجوائے۔ ۱۹۰۵ء میں جب مسلم ڈیپوٹیشن سر آغا خاں کی قیادت میں شملے لے جانے کی تیاریاں ہو رہی تھیں تو اس وقت محمد اصغر آکسفورڈ میں تھے۔ مجھے خوب یاد ہے کہ محسن الملک مرحوم نے ان کو چند خطوط لکھے اور سر سید امیر علی مرحوم سے ربط قائم رکھنے کی تاکید کی۔ آکسفورڈ میں وہ

انجمن نورتن کے سکریٹری بھی رہے۔ وہ اپنے شفیق پروفیسر لی (Lea) کی شفقتوں کو ہمیشہ یاد کرتے رہتے تھے۔ محمد اصغر مرحوم کو اسلامی تاریخ سے خاص دلچسپی تھی۔ اور پولیٹیکل ہسٹری کا مطالعہ کرتے رہتے تھے۔ انگلستان کے قیام میں انہوں نے سلطان صلاح الدین ایوبی پر ایک مقالہ لکھا تھا جس کی سر سید امیر علی، بدرالدین طیب جی اور مسٹر ڈکسن ایسے شعبۂ تاریخ کے بڑے عالموں نے تعریف کی۔ سنہ ۱۹۰۷ء میں وہ مڈل ٹمپل سے بیرسٹر ہو کر ہندوستان واپس آئے اور الہ آباد ہائی کورٹ میں شریک ہوئے۔ کچھ دن کے بعد جب حکیم صاحب مرحوم سے ملنے آئے تو پھر یہیں جم گئے۔ نو گرفتار وکالت کو عدالت میں اپنا جوہر دکھانے کی فکر رہتی ہے۔ لیکن ان کے جوہر انسانیت نے ان کا رخ طغیانی کے پریشان حالوں کی طرف پھیر دیا اور وہ سر نظامت جنگ مرحوم کا ہاتھ بٹانے میں مصروف ہو گئے۔ عوام کی ہمدردی کے ساتھ ساتھ سرکار عالی سے سند و طلائی تمغہ بھی حاصل کر لیا۔ جو پڑھا لکھا دل موہ لینے والا مقرر ہو اور واقعاتی و قانونی الجھنوں کو سلجھانے کا دماغ بھی رکھتا ہو اس کی وکالت کا چمکنا یقینی ہے۔ چنانچہ ایسا ہی ہوا اور وہ بہت جلد ایک کامیاب اور ہر دلعزیز ایڈوکیٹ مانے جانے لگے۔ اگر وہ اپنے پیشہ کو مقدم رکھتے اور روپیہ پیدا کرنے کی ہوس ہوتی تو آج لاکھوں کی جائداد چھوڑ جاتے۔ وہ اس تعلیم یافتہ گروہ میں سے تھے جو ترکِ لذت کے قائل ہیں اور دل و دماغ کی صحت و ترقی کے لیے تفریح و تفننِ طبع کو ضروری سمجھتے ہیں۔ انہیں شعر و سخن کا بھی شوق تھا مگر اس سب پر ملک و قوم کی

خدمت کا غلبہ غالب رہا اور نازک سے نازک موقع پر وہ ہمت نہیں ہارے۔ ان کی سب سے بڑی خوبی یہ تھی کہ جب وہ کسی تحریک کے چلانے پر مستعد ہو جاتے تو یہ نہیں دیکھتے کہ کون کون ان کا ساتھ چھوڑ گیا۔ حیدر آباد میں انہیں یہ تلخ تجربے بلقان اور پھر اس کے بعد خلافت تحریک کے زمانے میں سب سے زیادہ ہوئے۔

سنہ ۱۹۰۳ء میں محمڈن پولٹیکل آرگنائزیشن کی تحریک وقار الملک نے شروع کی تھی جس نے سنہ ۱۹۰۶ء میں ڈھاکہ میں مسلم لیگ کی صورت اختیار کی۔ چند سال کے بعد سر وزیر حسن مرحوم اس کے سکرٹری ہوئے۔ انہوں نے محمد اصغر کو مرکزی مسلم لیگ کی انتظامی کمیٹی میں حیدر آباد کے مسلمانوں کے نمائندے کے طور پر لیا۔ اس طرح حیدر آباد کے عوام کا راست سیاسی تعلق بیرونی سیاست سے ہوا۔ وہ لیگ کے اس گروہ میں تھے جو کانگریس کے دوش بدوش کام کرنے کا حامی تھا۔ وہ مجھ سے اکثر کہتے تھے کہ جداگانہ انتخاب مسلمان کی پست ذہنیت کا اعتراف ہے۔ مسلمان لیڈر کو اپنی اہلیت اور کارکردگی کو اتنا بلند کرنا چاہئے کہ وہ ملک کے لئے ناگزیر ہو جائے لیکن بڑھاپے میں ان کی اس رائے میں خاصی تبدیلی ہوئی۔ سنہ ۱۹۱۲ء میں جب بلقان کی ریاستوں نے مل کر ترکی پر حملہ کیا اور یورپ میں ہر طرف غل مچ گیا کہ مسلمانوں کی ترکی تمام شد۔ اس کا ردعمل ہندوستان کے مسلمانوں پر بھی ہوا۔ وہ غم اور غصے سے بوکھلا گئے۔ ڈاکٹر انصاری نے طبی مشن کی تیاری کی۔ مولانا محمد علی نے چندے کی اپیل کی محمد اصغر نے اس کے سلسلہ میں حیدر آباد میں کام شروع کیا۔ روپیہ بھی گیا اور چند نوجوان مشن میں شریک ہو کر اپنا فرض انسانی ادا

کرنے ترکی پہنچے۔ اس وقت سے وہ بعض عہدہ داروں کی نظروں میں بُری طرح کھٹکنے لگے۔ لیکن انہوں نے اس کی پرواہ نہیں کی۔ وہ اور پنڈت کیشور راؤ ایک دوسرے کے قریب آتے گئے۔ ہندو نوجوانوں کی ایک بااثر جماعت انہیں محبت سے دیکھنے لگی۔ ان کی یہ قیادت فساد گلبرگہ تک قائم رہی جب محمد اصغر نے خلافت ایجی ٹیشن چلائی تو پنڈت جی اور ان نوجوانوں نے ان کا پوری طور سے ساتھ دیا۔ مسلمانانِ حیدرآباد میں بیداری اسی وقت سے پیدا ہوئی اور مجمع عام میں ان کی زبان کھلنے لگی۔

محمد اصغر نے پیشہ وکالت کی وقعت اور وکلاء میں احساس خودداری پیدا کرنے کی پوری کوشش کی۔ اس ریاست میں جو وکلاء کی پہلی کانفرنس ہوئی اس کے وہ صدر بنائے گئے۔ وہ کئی سال تک انجمن وکلاء کے معتمد اور پھر صدر رہے۔ انہوں نے بیرسٹروں کا بھی ایک کلب ہائی کورٹ میں قائم کیا۔ اور بار بار اسوسی ایشن کے پریسیڈنٹ رہے۔ صفائی بلدہ اور مجلس وضع قوانین کے وہ کئی بار ممبر ہوئے۔ گلبرگہ کے ہنگاموں کے متعلق جو کمیشن قائم ہوا۔ اس میں انہوں نے ملزمین کی طرف سے کئی ماہ بلافیس گلبرگہ میں رہ کر پیروی کی۔ ۱۹۴۰ء میں وہ رکن مجلس عالیہ عدالت مقرر ہوئے اور اس کے بعد خطاب جنگ بہادری عطا ہوا۔ رکنیت سے علیحدہ ہو کر انہوں نے پھر پراکٹس شروع کی مگر صحت نے جواب دے دیا۔ چونکہ وہ باوجود فرقہ اختلافات کے مشترکہ پلیٹ فارم سے سیاست میں حصہ لیتے رہے تھے۔ اس لئے ان کی نیشنل اسپرٹ پر سیکولرازم کا ملمع چڑھنا مشکل تھا۔ وہ حیدرآباد کی پالٹکس کا رُخ دیکھ کر دل میں کڑھتے۔

مگر خلیج اتنی وسیع ہوچکی تھی کہ اس کو پاٹنا مشکل تھا۔ وہ گوشہ نشین ہوگئے۔
وہ رندانہ صوفی مشرب رکھتے تھے، وہ ایک عرب بزرگ سید حبیب العدروس
کے مرید تھے۔ پابند صوم وصلوٰۃ تھے لیکن دکھاوے کی نماز نہیں پڑھتے
تھے کہ فضیلتِ وقت کی تاکید کرتے ہوئے ہر مجمع میں ایک طرف رومال
بچھاکر کھڑے ہوجائیں۔ بہت کم لوگ اس سے واقف ہیں کہ وہ سختی سے
تہجد گزار تھے۔ جب تک علالت سے مجبور نہ ہوں مدتوں سے ان کا یہ عمل
تھا کہ چار بجے صبح اٹھ کر غسل کرتے اور درود و وظائف میں نماز فجر تک مشغول
رہتے۔ نماز فجر ادا کرکے طلوع آفتاب کے بعد پھر تھوڑی دیر کو سو جاتے حرمت
رمضان کی سختی کے ساتھ پابندی کرتے اور پورے روزے رہتے۔

سر افسر الملک

”مربی بیار و مربہ سنجور“ کی ہمہ گیری کسی دور میں کتنی ہی کڑی کیوں نہ ہو۔ ایک آدھ ایسے بھی نکل آتے ہیں جو اپنی تقدیر اپنے ہی ہاتھوں بناتے ہیں۔ اس کی درخشاں مثال سر افسر الملک بہادر تھے۔ جب وہ پیدا ہوئے ان کے باپ مرزا ولایت علی بیگ کنٹنجنٹ کے تیسرے رسالے میں ”رسائیدار بہادر“ تھے۔ انہوں نے پورے جوان ہونے سے پہلے ۱۸۶۸ء میں فوجی زندگی ایک سوار کی حیثیت سے شروع کی تھی۔ چند مہینوں کے بعد ہی وہ اپنے مرحوم باپ کے عہدے پر مامور ہو کر اورنگ آباد میں ٹروپ کمانڈر ہوئے۔ ۱۸۷۷ء کے دربار قیصری میں جو دہلی میں منعقد ہوا تھا۔ حیدرآبادی کیمپ کے بدرقے کی خدمت انہوں نے اپنے سواروں کے ساتھ انجام دی۔ ستمبر ۱۸۷۹ء میں جب سر رچرڈ میڈ اور سر سالار جنگ نے ساتھ ساتھ اورنگ آباد کا دورہ کیا تو جو دستہ متعین کیا گیا اُس کا کمانڈ آفیسر یکایک بیمار ہو گیا اور رسائیدار محمد علی بیگ (افسر جنگ) اس کی کمانڈ کرنے لگے۔ فوج ایک مدرسہ کہا جاتا ہے جہاں بے چون و چرا افسر کی اطاعت کرنا سکھایا جاتا ہے اور انضباط کی تربیت دی جاتی ہے۔ جہاں جانبازی اور

بانکپن کو سراہا جاتا ہے اور مذہبی بندشیں ڈھیلی پڑیں تو ان سے چشم پوشی کرلی جاتی ہے۔ اس نوجوان، خوش رو رسالدار کا فوجی بانکپن اور ڈسپلن سرسالار جنگ کو بھا گیا اور مرزا محمد علی بیگ کو انہوں نے اپنے آقا کے اسٹاف میں رکھنے کے لیے چن لیا۔ چونکہ اس رسالے کو جنگ افغانستان میں شریک ہونے کا حکم مل چکا تھا۔ مرزا صاحب نے سپاہی کی آن اور اپنی شان اسی میں سمجھی کہ حیدرآباد کی بجائے جیکب آباد کا رخ کریں اور اپنے رسالے کے ساتھ سرحد کی ریلوے لائن کی حفاظت کریں۔

اس مہم سے واپسی کے بعد وہ حیدرآباد آئے۔ سرسالار جنگ نے انہیں نواب شمس الامراء امیر کبیر کے جناب میں حاضر کرایا جنھوں نے اس انتخاب کو پسند فرمالیا۔ عشرۂ محرم کے بعد کمسن میر محبوب علی خاں نظام حیدرآباد کو انہوں نے نذر دی۔ پھر سیدھے ریذیڈنسی میں سلام کو پہنچے اور کیپٹن کلارک آتالیق شاہی کی ہدایت کے مطابق ڈیوڑھی مبارک میں روزانہ حاضر ہونے لگے۔ جب حضرت غفران مکان باہر تشریف لے جاتے یہ ہمراہ رکاب رہتے۔ ایک سال کے بعد حویلی قدیم میں تفنگ بازی اور نیزہ بازی کی تربیت گاہ جس میں حضور پرنور کے ساتھ نواب ظفر جنگ۔ نواب منیر الملک اور نواب میر جہاندار علی خاں بھی تھے قائم ہوئی تو اسکا اہتمام انہیں کے سپرد کیا گیا۔ جب حضور پرنور نے کلکتہ کا سفر کیا تو یہ بھی اس سفر میں بطور مصاحب ساتھ گئے۔ تخت نشینی کے موقع پر حضور نے ان کو خان بہادری کا خطاب و خلعت عطا فرمایا اور اب یہ مرزا محمد علی بیگ سے مرزا محمد علی خاں بہادر کہلانے جانے لگے۔

درباری اور شاہی حاضر باشوں کی کامیابی کا مدار ظاہری خوش خلقی، شائستگی اور تیور پہچاننے سے زیادہ ضمیر کی لوچ پر ہے۔ چونکہ ان اوصاف کے علاوہ انہوں نے جو بہادری، جان بازی اور افسر کے اشاروں پر چلنے کی تعلیم فوجی پڑاؤں اور موت کے بازاروں میں پائی تھی۔ اس پر محلوں اور ڈیوڑھیوں کے عام درباریوں کے اوچھے پن اور مکروہات کو غالب آنے نہیں دیا اس لئے وہ عفرانِ مکان کی نگاہوں سے گرے نہ حکومت کے اربابِ عقد و بست کی آنکھوں میں کھٹکے نہ کسی ریذیڈنٹ نے انہیں آنکھیں دکھائیں۔ قنوطیت کی نظر میں نہایت خطرناک قسم کی خود فریبی سہی لیکن اضمحلال اور افسردگی کا ان کی طبیعت سے کوئی میل نہ تھا۔ وہ ہر خطرہ میں ایک روشن اور امید افزا جھلک دیکھتے تھے۔ دوسروں کی کمزوری پر نہ ہنستے تھے۔ نہ روتے تھے۔ دوسروں کی ناکامیوں پر تالی بجانا ان کا شیوہ نہ تھا۔ وہ کسی موقع کو ہاتھ سے جانے نہ دیتے تھے۔ پہلا قدم جمائے بغیر دوسرا قدم نہ اٹھاتے تھے۔ اس طرح زینہ بزینہ وہ اس بلندی پر پہنچ گئے جو ان کے وہم و گمان میں بھی نہ تھی۔ انفخان دار کا رسالئیدار پہلی جنگ عظیم میں سر جان فرنچ کا ایڈیکانگ تھا۔ اپنے کارناموں کے چرچے کس کو نہیں بھاتے اور بڑائی سننے کا کس کو شوق نہیں ہوتا۔ ان کو بھی یہی خواہش تھی مگر ان کی زبان سے کوئی بات ایسی نہ نکلتی تھی جس سے ان کا غرور یا تمکنت ظاہر ہو۔ وہ رعب داب کی نمائش کو محض فوجی نظم و ضبط کو قائم رکھنے کا ضروری آلہ سمجھتے تھے۔ اور اسی طرح اپنے عہدہ کی شان قائم رکھنے کا سبق اپنی فوج کے ہر افسر کو دیتے تھے۔ انہوں نے احساس کمتری کو ہندوستانیوں کے دلوں سے نکالنے کی

ایسی خوبصورت راہیں نکالیں کہ کسی بد دماغ سے بد دماغ انگریز نے حکومت برطانیہ سے ان کی عقیدت کو شبہ کی نظر سے نہیں دیکھا۔ انہوں نے ہمیشہ اس بات کی کوشش کی کہ فوجی کھیلوں اور مقابلوں میں ان کے لوگ انگریزی فوج والوں سے ہیٹے نہ نکلیں۔

شاہی مصاحبت کی وجہ سے چند سال تک ان کا فوج سے تعلق نہیں رہا۔ پھر ان کو گولکنڈہ لانسرس درست کرنے کے لیے دے دیا گیا اور افسر جنگ کا خطاب بھی مل گیا۔ افسر جنگ نے ان لانسروں کی تعداد تین سو سواروں تک پہنچا کر انہیں فوج باقاعدہ کا ایک جزو بنا دیا۔ مدار المہام وقت سالار جنگ دوم کے معروضے پر بارگاہ خسروی سے ایک پلٹن اور ایک توپ خانہ اضافہ کرنے کی اجازت مرحمت ہوئی اور سرشتہ گوبند پرشاد کی پہلی اور دوسری پلٹن کو شریک کرکے ایک پورا بریگیڈ ساز و سامان سے مکمل ہو گیا اور یہ سب کچھ محض اس وجہ سے اقتدار اعلیٰ نے ہونے دیا کہ افسر جنگ پر انگریزوں کو پورا اعتبار تھا۔ جمعیت نظام محبوب اور پرنس باڈیگارڈ کی دیکھ بھال بھی ان کے سپرد ہو گئی اور آگے چل کر پوری باقاعدہ فوج کا افسر جنگ کو کمانڈر مقرر کر دیا گیا جس کا وہ ہر طرح سے اپنے آپ کو اہل ثابت کر چکے تھے۔

عربوں کی جمعیت اور عرب جمعداروں کی سلطنت آصفیہ کی تاریخ میں ایک خاص اہمیت ہے جو گذشتہ دور میں کئی مشکلات پیدا کر چکی ہے۔ محسن الملک نے اپنی مرتبہ ضخیم کتاب حیدرآباد افیرس (Hyderabad Affairs) میں کئی مقام پر اس کا مفصل تذکرہ کیا ہے اور اس کا حیدرآباد کی معاشرت اور سیاست

پر جو اثر پڑا تھا اس پر روشنی ڈالی ہے۔ عربوں کی دھاک کچھ ایسی بندھی ہوئی تھی کہ کوئی ان کے منہ نہ آتا تھا۔ محرم سنہ ۱۳۰۳ ہجری (۱۸۸۵ء) میں عربوں نے انتظام درہم برہم کر کے بلدہ میں عام بے چینی و خوف کی صورت پیدا کر دی جس میں با اثر عرب جمعدار نواب سلطان نواز جنگ کی جمعیت پیش پیش تھی۔ افسر جنگ نے اپنے باقاعدہ سپاہیوں سے ان کے حوصلے تنگ کر دیے اور عربوں کو مغلوب کر کے ہی چھوڑا۔ یہ پہلا موقع تھا کہ بلدہ میں عربوں کو نیچا دیکھنا پڑا۔ فوجی افسر کی حیثیت سے اسی وقت سے افسر جنگ نے نمایاں مقام حاصل کرنا شروع کیا۔ حکومت آصفیہ اور نمائندہ تاج برطانیہ نے ان کی اس خدمت کا اعتراف کیا۔ سنہ ۱۸۸۸ میں ایک برطانوی فوجی کمیشن افغانستان جانے کے لیے چنا گیا۔ افسر جنگ بھی اس کے ایک رکن چنے گئے اور اس غرض سے شملے پہنچے لیکن یکایک کوہ سیاہ (Black Mountain) کی مہم شروع ہو گئی کمیشن کی روانگی ملتوی ہو گئی۔ اور آپ اسی مہم میں جنرل میک دین کے اسٹاف میں بطور ایڈی کانگ شریک ہو کر اس لام پر روانہ ہو گئے۔ ۱۸۹۰ء میں کوئن وکٹوریہ نے ان کو ہیجری کا کمیشن عطا کر دیا۔ یہ وہ زمانہ تھا جب ہندوستانی کو شاہی کمیشن فوج میں نہ دیے جاتے تھے اور ان کی معراج رسالدار میجری ہوا کرتی تھی۔ جس کا فوجی مرتبہ انگریز لیفٹننٹ سے بھی کم سمجھا جاتا تھا۔

۱۸۹۱ء میں سرحدی حفاظت کا مسئلہ جب امپیریل گورنمنٹ نے اٹھایا تو ریاست حیدرآباد نے ساٹھ لاکھ رقم کی پیشکش کیا لیکن اقتدار اعلیٰ اس رقم کو ایک مستقل فوجی جمعیت کی شکل میں تبدیل کرنا چاہتا تھا۔ رد و قدح کے بعد یہ ہی

ہوا کہ دو رسالوں کو حیدرآباد کی حکومت کو رکھنا پڑا۔ امپریل لانسرس بھی نواب افسر جنگ کے سپرد ہوئے۔ ان رسالوں کی فوجی اہمیت اور کارکردگی بڑھانے میں مرحوم اپنی ایڑی چوٹی کا پورا زور لگاتے رہے۔ ان رسالوں نے مختلف لڑائیوں میں جو نمایاں جوہر دکھلائے وہ فوجی تاریخ میں ان کے نام کے ساتھ یادگار بن گئے۔ وہ بڑے زمانہ شناس تھے۔ انہوں نے محسوس کرلیا کہ اب فوج میں عہدے پانا خاندانی بہادری کی کہانیوں اور اپنی ذاتی ہمتوں کے فسانے پر مشکل ہے بلکہ اپنے فوجی اوصاف کے ساتھ نئی تعلیم کی بھی سخت ضرورت ہے انہوں نے فوجی گھرانوں کو فوج میں نامزد کرکے علی گڑھ بھیجنا شروع کیا علی گڑھ کے دوسرے طلباء کو بھی فوج میں بھرتی ہونے کی امنگ دلائی۔ علی گڑھ کا رائڈنگ اسکول بھی انہیں کی رائے کے مطابق قائم ہوا۔ فوجی اسپورٹس میں خاصا نام پیدا کیا۔ سواری، نیزہ بازی اور دوسرے فوجی کرتبوں میں علی گڑھ کے طلباء کی ایک چھوٹی سی جماعت نے جو سالانہ نمائش کے موقع پر انگریز اور پولیس کے مقابلہ میں کامیابی حاصل کی۔ اس میں افسر جنگ کے بھیجے ہوئے اور سرحد کے اعلیٰ خاندانوں کے لڑکے جن کو سر روس کیپل نے علی گڑھ بھجوایا تھا ہوتے تھے۔ اگر ہوسکتا تو وہ ہر فوجی سپاہی کے بچے کو علی گڑھ میں تعلیم دلواتے مگر یہ ممکن نہ تھا۔ انہوں نے سنہ ۱۹۴ء میں ملک پیٹھ میں آصفیہ مدرسہ قائم کیا اور تعلیم کے ساتھ فوجی تربیت اور جسمانی ورزش کی طرف خاص توجہ دینے کے احکامات دیے۔ اس مدرسہ کی نگرانی میجر ممتاز یار الدولہ کے سپرد تھی۔ یہ مدرسہ اب بھی ہے۔ بورڈنگ ہوس بھی اس کے متعلق شروع ہی

سے رہا۔

۱۸۹۷ء میں ملکہ وکٹوریہ کی گولڈن جوبلی میں وہ سرکاری مہمان کی حیثیت سے لندن بلائے گئے۔ اس وقت وہ افسر الدولہ کا خطاب پا چکے تھے۔ جوبلی کے موقع پر انہیں سی۔ آئی۔ ای کا خطاب ملا۔ ۱۹۰۰ء کی جنگ چین میں انہیں جنرل گمن کے اسٹاف میں رہنے کا موقع ملا۔ ۱۹۰۱ء میں وہ ایڈورڈ ہفتم کی دربار تاجپوشی میں مدعو کئے گئے۔ وہاں سے واپسی پر حضرت غفران مکان نے انہیں افسر الملک بنادیا۔ برٹش گورنمنٹ سے وہ اس وقت تک ایم۔ وی۔ او یعنی ممبر آف دی وکٹورین آرڈر کا جو فوجیوں میں بڑا اعزاز اور قابل رشک ہے خطاب پا چکے تھے۔ ۱۹۰۳ء میں دہلی میں جو شاہی تاجپوشی کا دربار ہوا اس میں انہیں کے۔ سی۔ یس۔ آئی کا خطاب دیا گیا اور بیسویں ڈکنا ہوورس کے لفٹنٹ کرنل مقرر ہوئے ۱۹۱۱ء میں لارڈ ہارڈنگ نے انہیں اپنا اعزازی اے۔ ڈی۔ سی بنایا۔ جنگ عظیم کے دوران میں وہ حیدرآبادی افواج کے ساتھ مصر و فرانس گئے۔ اور سرجان فرنچ کے اعزازی مصاحب ہوئے ۱۹۱۹ء میں وہ حیدرآبادی افواج کے چیف کمانڈر ہو گئے۔

دنیا میں پڑ کر وہ دین کو نہیں بھولے۔ نمازیں پڑھیں۔ روزے رکھے۔ اور حج و زیارت سے مشرف ہوئے۔ وہ آخری بار ۱۳۴۱ھ میں مدینہ طیبہ گئے اور اس کے بعد پھر کبھی ڈاڑھی نہیں منڈائی جس سے ان کے ذی وجاہت چہرے پہ نور برسنے لگتا تھا۔ وہ نہایت نفاست پسند تھے۔ عمدہ سے عمدہ سلا ہوا کپڑا پہنتے تھے۔ فوجی عہدیداروں کا ان کے زمانے میں راحت منزل میں

تانتا لگا رہتا تھا۔ لارڈ کچنر کی طرح انہیں نوادر خصوصاً پرانی چینی اور ہتیار جمع کرنے کا بڑا شوق تھا۔ ان کے پاس بعض چینی کی رکابیاں ایسی تھیں جن پر ہندوستان اور یورپ و امریکہ کے مالدار شوقینوں کی للچائی نگاہیں پڑتی تھیں مگر وہ ان کو کسی قیمت پر علٰحدہ کرنے کو تیار نہیں ہوتے تھے۔ وہ انگریزی اور مغلیہ تہذیب کا دل پسند نمونہ تھے۔ جس کی جھلک ان کے چھوٹے فرزند نواب خسرو جنگ میں بہت کچھ آئی ہے مگر وہ بات کہاں۔

نواب سرامین جنگ مرحوم

سر رچرڈ میڈ نے جب سالار جنگ اولیٰ کے خلاف یہاں کے امراء اور با اثر لوگوں کو بھڑکانا شروع کیا تو منجملہ اور الزاموں کے ان پر ایک الزام یہ بھی لگاتے تھے کہ انہوں نے حیدرآباد کو پردیسیوں سے بھر دیا ہے عجیب اتفاق تھا کہ جب مسٹر پالوڈن برٹش انڈیا سے آئے ہوئے عہدے داروں سے حیدرآباد خالی کرانے کی فکر میں لگے ہوئے تھے احمد حسین (سرامین جنگ) اسی زمانہ میں یہاں آئے۔ وہ شمالی ارکاٹ کے ایک مشہور خطیب خاندان کے نوجوان فرد تھے۔ ان کے والد جنہیں حج بیت اللہ کی سعادت بھی حاصل تھی مدراس میں تجارت کرتے تھے۔ ان کی ابتدا ہی سے تعلیمی حالت نہایت تیز تھی۔ انٹرنس میں بدرجہ اعلیٰ کامیابی حاصل کرنے کی وجہ سے انہیں کالج میں گورنرس اسکالرشپ رقمی چالیس روپیہ ملتا رہا۔ ۱۸۸۵ء میں انہوں نے بی۔ اے کی ڈگری حاصل کی۔ اس امتحان میں سارے کامیاب طلبا میں ان کا نمبر دوسرا رہا۔ ۱۸۸۸ء میں بی۔ ایل کی قانونی ڈگری حاصل کر کے مدراس کے مشہور بیرسٹر مسٹر نارٹن کے زیر نگرانی انہوں نے وکالت شروع کی اور ۱۸۹۰ء میں وہ مدراس کے وکلائے ہائیکورٹ کی فہرست میں آگئے۔ اسی سال انہوں نے ایم اے بھی کر لیا۔

گورنمنٹ مدراس نے ان کے تعلیمی اعزازوں کے باعث جو انہیں یونیورسٹی میں حاصل ہوئے تھے ضلع ارکاٹ کا ڈپٹی کلکٹر مقرر کیا مگر بقول اکبر الہ آبادی کے

ہرن پر لادی جاتی ہے کہیں گھاس

اس ملازمت پر جس پر کسی ہندوستانی کا تقرر معراج سمجھا جاتا تھا چھوڑ دیا۔ ان کی یونیورسٹی نے ان کی تعلیم ختم ہوتے ہی یہ قدر افزائی کی کہ انہیں اردو، فارسی اور عربی کا ممتحن بنا دیا اور یہ سلسلہ کئی سال تک جاری رہا۔

اس زمانے میں حیدر آباد کا یہ رنگ تھا کہ وزارت سے لے کر چھوٹی ملازمتوں تک کے لئے جوڑ توڑ کا بازار گرم تھا اور بڑے عہدیداروں کی پارٹی بندیوں نے اندھیر مچا رکھا تھا۔ ۱۸۹۲ء کے شروع کے چند مہینوں میں ایک پمفلٹ ایک بنگالی مسٹر مترا کے نام سے شایع ہوا جس میں مولوی مہدی حسن فتح نواز جنگ اور ان کی میم صاحبہ کی جوانی کے افسانے بیان کئے گئے تھے۔ چونکہ ان دونوں کو انگلستان میں قیام کے دوران میں ملکہ وکٹوریہ کی لیوی میں بلائے جانے کا موقع ملا تھا اس لئے مسٹر بلوٹ ان کو انہیں اور ان کے ساتھ دوسرے عہدیداروں کو جو ان کی نظر میں کھٹکتے تھے پریشان کرنے کا موقع ہاتھ آ گیا۔ اس لیے ایک کمیشن اس معاملے کی چھان بین کے لیے مقرر کیا گیا۔ چونکہ نواب سرور الملک مرحوم کو جو اس وقت معتمد پیشی خداوندی تھے اپنی پوزیشن صاف کرنے کے لیے قابل وکلاء کی ضرورت پیش آئی۔ انہوں نے مدراس کے مسٹر نارٹن اور بمبئی کے مشہور بیرسٹر اینج کی خدمات حاصل کیں۔ مسٹر نارٹن کے ساتھ احمد حسین بھی آئے۔ اس سلسلے میں نواب صاحب کو اس نوجوان کی قابلیت و فراست اور خاموش طبیعت کا

اندازہ ہوا۔ چونکہ اس زمانے میں قانونچہ مبارک کی تدوین و ترتیب کا سوال درپیش تھا۔ انہوں نے ۱۸۹۲ء میں اپنی مددگاری پر ان کا تقرر کرالیا۔ یہ وہ وقت تھا کہ سر آسمان جاہ کی وزارت جھکولے لے رہی تھی۔ ریذیڈنسی مداخلت پر تلی ہوئی تھی۔ نوجوان امیروں میں سے چند وزارت کے خواہشمند اور معتمدین اقتدار کے ہو گئے تھے۔ اس رسہ کشی کو قانونچہ مبارک کے نفاذ نے ختم کر دیا جس میں تقریباً (۲۶۵) دفعات تھیں جو کیبنٹ کونسل معین المہام، صدر المہام اور مجلس وضع قوانین سب پر حاوی تھیں۔ اس کے مسودے کی ترتیب میں مرحوم کو عہدیداران کے طرز عمل۔ سابقہ حکومت کے طریقہ کار اور شاہانہ اقتدار کی ان سب پر برتری سے واقفیت حاصل کرنے کا موقع ملا۔ جو تجربہ اس وقت انہیں حاصل ہوا اس سے آگے چل کر انہیں بڑی مدد ملی۔ یوں تو وہ نواب سرور الملک کی سبکدوشی کے وقت ہی سے ان کی جگہ کام کرنے لگے تھے لیکن ۱۸۹۹ء میں حضرت غفران مکاں نے اس خدمت پر متعین کیا اور سفر کلکتہ میں ہم رکاب شاہی کا شرف بخشا۔ لارڈ کرزن کے ۱۹۰۳ء والے دربار دہلی میں بھی وہ اسی حیثیت سے شریک ہوئے جہاں انہوں نے

سب سے اونچی لاٹ کو دیکھا — جمنا جی کے پاٹ کو دیکھا
برٹش راج کے ٹھاٹ کو دیکھا — حضرت ڈیوک کناٹ کو دیکھا

جس وقت انہیں معتمدی پیشی خداوندی کی پوری پوری ذمہ داریاں تفویض گئیں اس وقت ان کی عمر صرف ۳۶ سال کی تھی۔ ان کی فراست و دانائی، راست بازی اور دیانت کا اس سے بڑھ کر اور کیا ثبوت ہو سکتا ہے کہ انہوں نے

نہ امراء کی طرف نظر اٹھائی نہ ریذیڈنسی کی طرف بڑھے اور نہ اعلیٰ حکام دیوانی سے پینگ بڑھائے۔ نہ وہ اپنی طرف سے کچھ کہتے تھے اور نہ دوسرے کی سنتے تھے۔ جو عرضداشتیں آتیں ان کو قانونچہ مبارک کی روشنی میں دیکھتے۔ نوٹ مرتب کرتے اور بندگان عالی کے ملاحظہ میں پیش کر دیتے۔ حضرت غفران مکاں نے انہیں سنہ ۱۹۰۵ء میں چیف سکریٹری کا عہدہ بھی عنایت فرمادیا۔ موجودہ نظام جب سریر آرائے سلطنت ہوئے تو انہوں نے بھی مولوی صاحب کو ان دونوں خدمتوں پر بحال رکھا۔ سنہ ۱۹۱۱ء کے دربار تاجپوشی میں انہیں سی۔ ایس۔ آئی کا خطاب ملا۔ سنہ ۱۹۱۳ء وہ صدر المہام پیشی مقرر ہوئے اور سنہ ۱۹۱۴ء میں نواب امین جنگ بہادر کے خطاب سے سرفراز ہوئے۔ جب باب حکومت قائم ہوئی تو اس میں انہوں نے چھ ماہ صدر المہام فینانس کی حیثیت سے شرکت کی۔ سنہ ۱۹۲۲ء میں وہ نائٹ کمانڈر آف انڈین امپائر بن کر نواب سر امین جنگ بہادر کہلانے لگے۔

رہنے سہنے کے مکان سے ذرا ہٹ کر انہوں نے ایک بڑا کمرہ اپنی لائبریری کے لئے بنالیا تھا۔ سرکاری کاموں سے جب فارغ ہو کر گھر لوٹتے تو اپنا وقت اسی کمرے میں مطالعہ کرنے میں صرف کرتے۔ ان کی تنخواہ کا معتدبہ حصہ کتابوں پر خرچ ہوتا تھا۔ باوجود اس کے کہ وہ اپنے عقائد میں بڑے پکے تھے۔ انہیں سب مذہبوں کی متعلق معلومات بڑھانے کا شوق تھا۔ انہوں نے ایک رسالہ نوٹس ان اسلام انگریزی میں لکھا تھا۔ ان کے علمی تبحر کا صلہ سنہ ۱۹۱۳ء میں یہ ملا کہ وہ رائل اسٹرانامیکل سوسائٹی کے فیلو بنائے گئے اور سنہ ۱۹۲۴ء میں مسلم یونیورسٹی

کورٹ کے ممبر بنے۔ انہوں نے مختلف مذہبوں کے تقابلی موضوع پر تھیوسوفیکل (Thiosophical) سوسائٹی کے جلسوں میں اکثر تقریریں کیں۔ انہوں نے حیدرآباد میں طبی کانفرنس کی صدارت کی اور خطبۂ صدارت میں طب کے مسائل پر ایسے نکتے بیان کئے کہ بہت سے اطباء نے ان کی اس فن سے واقفیت کا کماحقہ اعتراف کیا۔ ان کے مضامین جو مختلف رسائل میں وقتاً فوقتاً شائع ہوئے ٹھوس اور معلومات سے پر ہوتے تھے۔ ایک زمانے میں انہیں فری میسن جماعت میں شریک ہو کر رموز و نکات معلوم کرنے کا شوق رہا۔ چونکہ فری میسن اپنے رسوم و تعلیم میں نہایت رازداری برتتے ہیں اور اپنے مخصوص عبارتوں اور اشاروں کو دوسروں پر ظاہر ہونے نہیں دیتے اور اپنی جماعت والوں کو جن سے صورت آشنا بھی نہ ہوں پہچان لیتے تھے۔ اس لئے اس صدیوں پرانی جماعت کے خلاف طرح طرح کی غلط فہمیاں پھیلی ہوئی ہیں۔ ہندوستان میں جہاں جہاں ایسے لاج ہیں ان کو "بھوت گھر" کہا جاتا ہے۔ اس کے مراسم اور کاروبار سب انگریزی زبان میں ہوتے تھے۔ امین جنگ مرحوم کی حوصلہ افزائی سے ان رسوم کے وقت جو عبارتیں پڑھی جاتی تھیں ان کا ترجمہ محمد محسن صاحب بلگرامی مرحوم نے کیا۔ اس ترجمے میں اور اس کے بعد زبان اردو میں کارروائی کرنے والے لاج کے قیام کی گرانڈ لاج آف اسکوٹ لینڈ سے اجازت حاصل کرنے میں انہوں نے بڑی جانفشانی کی اور اس طرح حیدرآباد لاج کا قیام عمل میں آیا جو اس قسم کا سارے ہندوستان میں ایک ہی لاج ہے۔

انہوں نے کرمن گھٹ میں ایک باغ اور چھوٹا سا بنگلہ بنالیا تھا جس میں

کبھی کبھی اپنے خاص احباب کو لے کر چلے جایا کرتے تھے اور کچھ تفریح کر لیا کرتے تھے۔ ان کی عادت تھی کہ وہ کسی محفل میں یا اپنی خانگی ملاقاتوں میں ملکی معاملات پر کبھی گفتگو نہیں کرتے تھے۔ اس کی وجہ سے ان کے پاس وہی جاتے تھے جو ان کی ادبی اور اخلاقی صحبتوں سے مستفید ہو سکے۔ جب ڈاکٹر رابندرناتھ ٹاگور حیدرآباد آئے تو انہوں نے ڈاکٹر صاحب کو مدعو کیا۔ دونوں جب بغلگیر ہوئے تو دونوں کی ڈاڑھیاں مل گئیں مہاراجہ بہادر نے اس واقعہ ایک شعر میں موزوں کر دیا ؎

محفل میں ہیں آج جمع دو صاحب ریش
دونوں دلشاد اور دونوں دل ریش

مولانا امجد نے اس پر مندرجہ ذیل دو مصرعے لگا کر رباعی بنا دیا۔

ان دونوں کی مختصر سی تعریف یہ ہے
وردیش پرست ایک۔ اک ہے درویش

رائے بیجناتھ

گزشتہ ساٹھ سال میں جتنے نوجوان گریجویٹ باہر سے آکر سرکار عالی کی سلک ملازمت میں داخل ہوئے۔ ان میں رائے بیجناتھ آنجہانی عجیب و غریب شخصیت کے حامل تھے۔ انہوں نے اپنی مدت العمر جو اردو زبان کی خاموش اور قابل قدر خدمت کی۔ وہ خصوصاً قانون پیشہ طبقے کو آج تک اپنا معترف بنائے ہوئے ہے۔ وہ ۲۱ ڈسمبر ۱۸۷۰ء کو بجنور صوبہ متحدہ میں پیدا ہوئے تھے۔ ان کی ابتدائی تعلیم جگادھری ضلع انبالہ کے مشہور پاٹ شالہ میں ہوئی جو ہندی تعلیم کی خاص درسگاہ تھی۔ ۱۸۸۸ء میں انہوں نے بریلی ہائی اسکول سے بدرجہ اعلیٰ انٹرنس کا امتحان پاس کیا اور اس کے بعد وہیں کے کالج میں داخل ہوکر ۱۸۹۳ء میں بی۔ اے کی ڈگری حاصل کی۔ ایل۔ ایل۔ بی کا امتحان انہوں نے ۱۸۹۴ء میں اور ایم۔ اے ادبیات انگریزی کا امتحان ۱۸۹۵ء میں پاس کیا۔ دوران تعلیم میں امتحانات میں نمایاں درجہ حاصل کرنے کی وجہ سے انہیں سرکاری وظیفے بھی ملتے رہے۔ ایم۔ اے تک تعلیم پوری کرکے انہوں نے ۱۸۹۵ء میں الہ آباد ہائی کورٹ میں داخل ہوکر ضلع مراد آباد میں وکالت شروع کی۔

ریاست حیدرآباد کے دفتر وضع قوانین و مشیر قانونی کو ایک ایسے شخص کی ضرورت

تھی جو قانونی ڈگری کے علاوہ اُردو اور انگریزی میں اچھی استطاعت رکھتا ہو۔ رائے صاحب میں یہ خوبیاں تو موجود تھیں لیکن وہ چلت پھرت جو پیشہ وکالت میں کامیابی کے لیے ضروری ہوتی ہے ان میں نہ تھی۔ اس لئے انہوں نے اس خدمت کو مزاج کے موافق پایا اور جنوری ۱۸۹۶ء میں اس خدمت کو قبول کرلیا۔ جس دفتر میں وہ پہلے دن ایک مترجم کی حیثیت سے بیٹھے تھے اسی میں وہ شخص اپنی حسن کارگزاری کی بدولت معتمد وضع قوانین اور مشیر قانونی کے عہدہ تک پہنچے۔ صرف تھوڑے تھوڑے عرصے کے لئے وہ ایک مرتبہ اول مددگار معتمدی عدالت و امور عامہ اور ایک مرتبہ صیغہ فینانس میں مددگار کی حیثیت سے رہے ۱۹۲۴ء میں معتمدی وضع قوانین و مشیر قانونی کی بڑی خدمت کا جائزہ انہوں نے دیوان بہادر کستوری چاری سے لیا۔ جن کی ماتحتی میں انہوں نے کئی کام کئے تھے۔ جوڈیشل کمیٹی کا تعلق بھی اسی معتمدی سے تھا۔ اگرچہ عدالت العالیہ کے فیصلے قطعی ہوتے تھے لیکن ان کی انگلستان کی پرائیوی کونسل کی نمونے کی یہ کمیٹی تھی جو مقدمات کی سماعت کا فیصلہ لکھ کر مدار المہام اور پھر صدر اعظم کے توسط سے بارگاہ خسروی میں بطور رائے کے پیش کیا جاتا تھا۔ اور وہاں سے شرف منظوری حاصل ہونے کے بعد نافذ ہوتا تھا۔ ہر مقدمے کی سماعت کے لئے تشکیل کمیٹی کے لیے ارکین کے تقرر کی منظوری حکومت سے حاصل کرنا ہوتی تھی۔ اس زمانے میں نہ منشور خسروی کا نفاذ ہوا تھا نہ ہائیکورٹ ایکٹ تھا۔ دستور العمل ہائی کورٹ تھا اور ضابطہ جوڈیشل کمیٹی۔ دیوان بہادر کا یہ رنگ تھا کہ سماعت مقدمات کے وقت وہ خود ساختہ صدر کی حیثیت سے

بیچ میں بیٹھتے تھے اور دائیں بائیں دوسرے اراکین لیکن اپنے زمانے میں رائے صاحب نے اپنی دیرینہ منکسر المزاجی کی وجہ سے اس نمائشی بڑائی سے احتراز کیا۔ وہ جس وضع قطع اور آداب مجلس کو شمالی ہندوستان سے لے کر آئے تھے دفتر اور گھر دونوں جگہ اسی پر قائم رہے۔ انہوں نے ہرمز جنگ عماد جنگ اول، مولوی عزیز مرزا، سر بلند جنگ، نظامت جنگ سے لیکر کرشنا چاری تک کی ماتحتی کی۔ ایسی متضاد طبیعتوں سے نباہ انہیں کا کام تھا۔ وہ کہتے تھے کہ ہمیں اپنے کام سے کام رہا اور اپنی مصروفیتوں کو تالیف و مطالعہ تک محدود رکھا۔ اس لئے افسروں کے مزاج کے اتار چڑھاؤ سے سابقہ بھی نہیں پڑا۔ وہ بڑھاپے میں رائے حکم چند اور مولوی عزیز مرزا کو بڑے مزے سے یاد کیا کرتے تھے اور کہتے تھے کہ یہاں اب اگلی صحبتیں وقت کاٹنے کے لئے نہیں ہوا کرتی تھیں۔ ان کے احباب کا دائرہ وسیع نہ تھا اس لئے وہ جن کے دوست تھے صحیح معنوں میں دوست تھے۔ وہ اپنے پرانے دوستوں میں سے مولوی ابو القاسم اور عنایت حسین خاں کا ذکر کرتے تھے۔ مولوی ابو القاسم مرحوم انہیں کی طرح کم گو اور منکسر المزاج تھے۔

نواب عماد جنگ مرحوم نے ان کی تقریر میں روانی اور قانونی معلومات کی جھلک پاکر بہت جلد ہی یعنی ۱۳۱۵ف کے شروع ہوتے ہی انہیں لا کلاس کی لکچراری دے دی۔ اس خدمت سے طلبا کی نذر انہوں نے اپنی جوانی کی شامیں کر دیں۔ وہ معتمد ہونے تک برابر اس خدمت کو انجام دیتے رہے۔ ان کے شاگردوں کی تعداد ہزاروں ہی ہوگی جن میں سے اکثر اعلیٰ خدمت پر

ممتاز ہوئے اور سربرآوردہ وکیل بنے۔ ان کی قانونی موشگافیوں اور ذہانت کے تذکرے ان کے طالب علموں میں جو اب خود معلمیت کا درجہ رکھتے ہیں اب تک ہوتے ہیں۔ مجلس وضع قوانین کی ملازمت اور اس لکچراری نے ان کو تصنیف و تالیف کی طرف رجوع کردیا جو ان کی عمر کے ساتھ بڑھتا گیا۔ ضابطہ فوجداری کی شرح انہوں نے سب میں پہلے لکھی اور ہر دفعہ کے ساتھ ساتھ انگریزی نظائر ہی کا حوالہ نہیں دیا بلکہ سرکار عالی کے ہائیکورٹ کے فیصلوں کو بھی ایک جگہ جمع کیا جس سے باہر کے وکلا کو جب کبھی یہاں آتے تھے بڑی مدد ملتی تھی۔ اس کتاب کی بہت سی کاپیاں سرکار نے عدالتوں اور پولیس کے عہدیداروں کے لئے خریدیں۔ اس کے بعد انہوں نے اردو میں دھرم شاستر اور شرح مجموعہ تعزیرات لکھی۔ اس پر سرکار سے ایک ایک ہزار ان کی محنت کا صلہ دے کر قدر افزائی کی گئی۔ اصول قانون اور قانون ٹارٹ پر ایک مفصل اور قابل استدلال کتاب کی تالیف کی ضرورت سارے ہند میں محسوس ہو رہی تھی۔ انہوں نے نہایت ہی سلیس اردو میں یہ کمی بھی پوری کردی۔ قانون دادرسی خاص قانون شہادت۔ قانون معاہدہ اور میعاد سماعت کی شرحیں بھی انھیں کے انہماک اور جان سوزی کا نتیجہ ہیں جسے جب تک اردو کا دور رہے گا وکلا اور عدالت مستفید ہوتی رہے گی۔

رائے صاحب کو بچپن سے ویدانت سے لگاؤ تھا۔ بہت سے اشلوک بچپن ہی سے ان کے حافظہ میں محفوظ تھے۔ عمر اور خیال کی پختگی کی منزل پر پہنچکر انہوں نے گیتا کی شرح بھی اردو میں لکھی جو ملک میں بہت مقبول

ہوئی۔ ان کی نشست اور بامحاورہ اردو کی قابلیت کا پتہ مسٹر رابندرناتھ ٹیگور کی مشہور کتاب گیتا انجلی سے چلتا ہے جس کا ترجمہ انہوں نے اردو زبان میں کرکے اردو داں طبقہ سے اس کتاب کو روشناس کرایا۔

ان کی تیس سالہ ملازمت کے زمانے میں جتنے قانون یہاں نافذ ہوئے اُن سب کا مسودہ انہوں ہی نے تیار کیا تھا۔ سوائے ترمیم کورٹ فیس ایکٹ جس کا بار مرزا یار جنگ میر مجلس نے خود اٹھایا۔ ہمارے یہاں جو قانون نافذ ہوتے وہ قریب قریب برٹش انڈیا کے قانون ہوتے تھے لیکن رائے صاحب کو اُردو اور انگریزی دونوں پر اتنی قدرت حاصل تھی کہ ان کے مسودوں میں گنجلک نہ ہوتی تھی جو ترجمے میں اکثر آجاتی ہے۔ فارسی کی ترکیبیں مضاف اور مضاف الیہ غیر مانوس لفظ ان کی کسی تالیف میں نظر نہ آئیں گے۔ جب اردو زبان عدالتوں سے رخصت ہوجائے گی اور اردو کی کتابیں المارئیوں کی زینت بن کر رہ جائیں گی۔ پھر بھی انگریزی زبان کی کتابیں جن کو انہوں نے مشیر قانونی کے دفتر میں جمع کر دیا وہ ان کی یاد آنے والی نسلوں کو دلاتی رہے گی۔ قانون کی اتنی مکمل لائبریری جو آج سے پچیس سال پہلے انہوں نے اپنے دفتر کی لائبریری میں جمع کرلی تھی وہ اس وقت کی ہائیکورٹ کے کتب خانہ سے کہیں زیادہ تھی۔

ملازمت سے سبکدوش ہوکر وہ اپنا کچھ وقت علاج معالجہ میں بھی صرف کرنے لگے تھے۔ ان کی گرتی ہوئی صحت اور خصوصاً بینائی کی شکایت نے انہیں اس قابل نہ رکھا تھا کہ وہ تصنیف و تالیف کا سلسلہ جاری رکھتے۔ وہ

ان چند ہستیوں میں سے تھے جو سیاسی معاملات کی کیا بلکہ ملکی غیر ملکی سوال سے بھی کوئی دلچسپی نہ رکھتے تھے۔ لا کلاس سے آنے کے بعد یا تعطیلوں میں وہ دورانِ خون بڑھانے کے لیے کچھ شغل کرلیا کرتے تھے۔ وہ بھی اپنے مخصوص احباب کے ساتھ۔ اس موقع پر بھی ان کی ادبیت اجاگر ہوتی رہتی تھی اور وہ فارسی کے نفیس نفیس رندانہ اشعار سے محفل کو گرما دیتے تھے۔ وہ اپنی کمائی کا سب سے کم مستحق اپنے آپ کو سمجھتے تھے اور کم استطاعت طلباء کی مدد کرتے وقت اپنے پرائے کا خیال نہیں رکھتے تھے۔

چراغ علی اعظم یار جنگ

انیسویں صدی کا ربع عرصہ گزرا تھا کہ ان کے دادا کشمیر سے بسلسلۂ ملازمت پنجاب میں آئے اور اس کے بعد میرٹھ میں مقیم ہو گئے۔ یہ بزرگ اُن معدودے چند مسلمانوں میں سے تھے جنہوں نے انگریزی تعلیم کو بدعت نہیں سمجھا اور اپنے فرزند خدا بخش کو انگریزی پڑھائی لکھائی۔ اپنے والد کی طرح یہ بھی جوان عمری میں کمپنی بہادر کے ملازم ہو کر سرحدی ضلعوں ڈیرہ غازی خاں، بنوں وغیرہ میں محکمہ بند وبست میں خدمت انجام دیتے رہے۔ اس کے بعد مولوی خدا بخش صاحب ضلع سہارنپور کی کلکٹری میں ہیڈ کلرکی پر آگئے۔ چونکہ انہوں نے انگریزی وضع قطع اختیار کر لی تھی۔ لوگ انہیں کرانی کہنے لگے۔ مولوی خدا بخش صاحب ۳۵ برس کی عمر میں سہارنپور ہی میں ۱۸۵۶ء میں انتقال کر گئے۔ اُن کی والدہ اپنی بیوہ بہو اور چار کم سن پوتوں کو لے کر پھر میرٹھ آگئیں۔ ان چار یتیموں میں مولوی چراغ علی سب میں بڑے اور بارہ سال کے تھے جو آگے چل کر نواب اعظم یار جنگ بن کر آسمان ادب ہی پر نہیں چمکے بلکہ ریاست حیدر آباد کی تنظیم جدید میں جو سر سالار جنگ اول نے شروع کی تھی نمایاں مقام حاصل کیا۔ اور آج تک ایک محلہ "چراغ علی لین" کے نام سے ان کا مسکن ہونے کی وجہ مشہور ہے۔

اس لاوارث گھرانے کو میرٹھ میں دوبارہ آئے ہوئے ایک سال بھی نہ گزرا تھا کہ وہ ہنگامہ شروع ہو گیا جس کو "غدر" کے نام سے یاد کیا جاتا رہا ہے۔ حالانکہ وہ ایک سوچی سمجھی حکومت کو بدیسی قوت کے ہاتھوں سے چھین لینے کی مہم تھی جو مقررہ وقت سے پہلے شروع ہونے اور ڈسپلن قائم نہ رکھ سکنے کی وجہ سے ناکام رہی۔ ان سورماؤں میں نہ تو مذہبی جوش تھا اور نہ نسلی تفریق جو قتل و غارت گری تو کیا ان لوگوں کو سبق دینا تک گوارا کرتی جو سرکار انگریزی کا اقتدار بڑھانے میں اپنی فلاح سمجھے ہوئے تھی۔ چنانچہ شہر میرٹھ ہی میں جہاں اس انقلاب کا زور رہا کسی نے اس گھر کی طرف رخ بھی نہیں کیا۔ خون خرابا تو اس وقت عام ہوا جب لاہور سے سکھوں کی اور دکن سے نظام کی کمک شمالی ہند پہنچی۔ اور کمپنی بہادر کا سکہ بٹھانے کی غرض سے ہندوستانیوں کو بزدل بنانا اور مسلمانوں کا تختہ الٹنا اور انہیں ذلیل کرنا شروع ہوا۔ عوام تو کیا خواص میں جو خوف بٹھایا گیا اس کا اس سے بڑھ کر اور کیا ثبوت ہو سکتا ہے کہ سر سید ایسے جری شخص کی ہمت نہ ہوئی کہ اس شورش کے متعلق جو معرکتہ الآرا تصنیف کی اس کا نام "رسالہ اسباب بغاوت" نہ رکھتا۔

۱۸۵۷ء اور اس کے بعد کے کئی سال ایسے گزرے کہ میرٹھ اور اس کے قرب و جوار میں کسی کو چین سے بیٹھنا نصیب نہ ہوا۔ ایسے میں جتنی ایک یتیم کی تعلیم ہو سکتی ہے ظاہر ہے۔ اس زمانے میں طریقۂ تعلیم بھی دوسرا تھا۔ تعلیمی کمیشن بیٹھتے تھے نہ محکمۂ تعلیمات تھا نہ درجہ واری نصاب سال کے سال شایع ہوتا تھا۔ نہ پبلک اسکولس تھے نہ شاندار عمارت والے کالج۔ جب مہدی علی

مشتاق حسین ۔ چراغ علی ۔ الطاف حسین حالی ۔ ذکاء اللہ شبلی ۔ نذیر احمد ایسے ادیبوں اور رہنماؤں کو دیکھتے ہیں تو یہ خیال ضرور آتا ہے کہ آخر ایسے ادیب اور صاحب فکر، اہل بصیرت ہماری یونیورسٹیوں کی تکمیل تعلیم کیوں نہ پیدا کر سکی چٹائی پر دو زانو بیٹھ کر ادھوری تعلیم حاصل کر کے افکار دنیا میں جینس کر بصیرت فنون ہمارے بزرگ حاصل کر لیا کرتے تھے ۔ اپنے دیگر ہم عصروں کی طرح چراغ علی کو اردو، فارسی اور انگریزی کی معمولی تعلیم حاصل کرتے ہی تلاش روزگار میں نکلنا پڑا ۔ گورکھپور کی کمشنری میں ایک ضلع بستی نیا قائم ہوا تھا چراغ علی وہاں جا کر بیس روپیہ ماہوار کے نوکر ہو گئے ۔ دفتر کے بعد جو وقت ملتا اس میں کتابوں کا مطالعہ کیا کرتے ۔ ۱۸۷۲ء یا ۱۸۷۳ء میں ایک انگریز افسر جس کے ساتھ ان کے والد مرحوم پنجاب میں کام کر چکے تھے ۔ اودھ کا جوڈیشل کمشنر ہو کر آیا ۔ چراغ علی اُس سے ملنے گئے ۔ اس نے ان کا تقرر اسی روپیہ ماہوار کی جائداد نائب منصرمی پر جو اتفاق سے اس وقت خالی تھی فوراً کر دیا ۔ اس طرح یہ بستی سے لکھنؤ پہنچے ۔ اُس زمانے تک انہوں نے اتنی علمی استعداد حاصل کر لی تھی کہ ان کے مضامین لکھنؤ کے رسالوں میں چھپنے لگے ۔ لکھنؤ میں آ کر انہیں اہل علم و فضل کی صحبت کا موقع ملا ۔ جس سے انہوں نے پورا فائدہ اٹھایا ۔ پادری عمادالدین کی تاریخ محمدی کا جواب لکھ کر اسی زمانۂ قیام لکھنؤ میں انہوں نے شایع کیا جو نہ صرف علماء اسلام کو پسند آیا بلکہ سر سید احمد خاں جنہوں نے مذہب کے بچاؤ میں ایک نئی روش اختیار کی تھی بڑی داد دی ۔ تمام مسلمانوں نے اس کتاب کو ہاتھوں ہاتھ لیا اور چراغ علی اب مولوی چراغ علی کہلائے جانے لگے ۔ سر سید نے ان کی ذہانت کا

اور علمی شخصیت کی اتنی قدر کی کہ انہیں تہذیب الاخلاق میں مضمون لکھنے پر آمادہ کرلیا۔ اس طرح مولوی صاحب اسلام پر جو اعتراضات ہو رہے تھے اُن کے جواب دینے اور عیسائیوں کو اسلام اور اس کے پیغمبر کی خوبیوں سے واقف کرانے میں لگ گئے اور اسلامی فرقوں کی آپس میں کج بحثی سے ہمیشہ دور رہے۔ چنانچہ یہ مشہور واقعہ ہے کہ مردم شماری کے تختوں میں اپنی بیگم صاحبہ کو تو انہوں نے شیعہ لکھا ہے لیکن اپنے اور اپنے بچوں کے نام سے آگے نقطہ لگا دیا۔

لکھنؤ سے ان کا تبادلہ سیتاپور ہوگیا۔ وہاں انہیں سرسید احمد خاں کے لکھنؤ آنے کی خبر ملی اور وہ سرسید سے ملنے لکھنؤ آئے۔ دونوں کا غائبانہ تعارف تو خطوط اور تہذیب الاخلاق کے مضامین کے ذریعہ سے ہو چکا تھا۔ روبرو کی یہ پہلی ملاقات تھی۔ آنکھیں چار ہوتے ہی وہ مہدی علی اور مشتاق حسین کی طرح سرسید کی طرف کھچے ہوئے چلے گئے۔ سرسید کو جس جوہر کی تلاش تھی وہ انہیں مل گیا۔ انہوں نے مولوی صاحب کو سینے سے لگایا، سر پر بٹھایا اور خوب چمکایا۔ دوسرے مہینے ہی مولوی صاحب رخصت لے کر علی گڈھ پہنچے۔ اور سرسید نے انہیں انگریزی اور عربی کی مستند کتابوں کے مطالعے اور اُن کے تراجم میں لگا دیا جن کی اس وقت مذہبی نکتہ نظر سے ضرورت تھی۔ اس دور میں عیسائی مشنریوں کے ہاتھ میں تبلیغی کاموں کے لیے سرمایہ ہونے کے علاوہ حکومت کی پوری تائید حاصل تھی۔ عیسائی مذہب میں داخل ہونے سے روحانی برکت حاصل ہو یا نہ ہو اخلاقی حالت سدھرے یا نہ سدھرے مگر دنیاوی بہتری کا تو دروازہ ضرور کھل جاتا تھا۔ برہمو سماجی اور اس کے بعد

سوامی دیانند سرسوتی کا آریہ سماجی مشن اسی روک تھام کے لئے انتھک کوشش میں لگا ہوا تھا۔ پڑھے لکھے مسلمان فلسفے کے شیدا بن کر اور اپنے پرانے دقیانوسی عقائد سے جو رفتہ رفتہ مذہب میں داخل ہو کر جزو مذہب بن چکے تھے۔ شبہ میں پڑے ہوئے تھے۔ مولوی صاحب نے اپنے محققانہ مضامین میں وہ فلسفیانہ بحثیں اٹھائیں اور وہ مسئلے نئی رنگ میں حل کئے کہ سید کو ان کی ذات سے بڑی بڑی توقعات پیدا ہو گئیں۔ سب جانتے ہیں کہ سرسید بعض معاملات میں بڑے ضدی تھے لیکن وہ ان لیڈروں میں نہ تھے جو شیخ سوری کے

کس نہ آموخت علم تیر از من   کہ مرا عاقبت نشانہ نہ کرد

کے خون سے اپنے ساتھیوں کے ستراہ ہوتے ہیں۔ ان کی ہمیشہ یہ کوشش تھی کہ ان کے ساتھ والے ادنیٰ سے اچھے ملنے پائیں اور اُن کو اپنی قابلیت اور اہلیت کے اظہار کے برابر موقعے ملتے رہیں۔ چند ہی دنوں میں چراغ علی صاحب کی جامع قابلیت اور وسعت نظری کا سرسید پر اتنا گہرا اثر پڑا کہ انہوں نے مہدی علی (محسن الملک) کے ذریعہ سرسالار جنگ کو اطلاع دی کہ جیسے شخص کی آپ کو تلاش تھی مجھے مل گیا۔ حیدر آباد کی تاریخ میں یہ بڑی نازک کا زمانہ تھا۔ سرسالار جنگ کی ۱۸۵۷ء کی شورش کے زمانے کی خدمات بھلائی جارہی تھیں اور وہ سلطنت برطانیہ کی بدلی ہوئی پالیسی کو نظر انداز کرتے ہوئے اپنے آقا کے دیرینہ وقار کو قائم رکھنے اور ریاست کے نظم و نسق کو جدید دور کے مطابق بہتر بنانے کی فکر میں لگے ہوئے تھے۔ جنرل سر رچرڈ میڈ فوجی خدمات کے علاوہ مختلف ممالک کا ڈپلومیٹک سفر بھی کامیابی سے ختم کر چکے تھے۔ دونوں

حیثیت سے اُن کا اثر گورنمنٹ آف انڈیا میں تھا۔ ان کو حیدرآباد کا ریذیڈنٹ بنا کر بھیجا گیا۔ وہ سر سالار جنگ کو نیچا دکھانے کی جوڑ توڑ میں لگے ہوئے تھے۔ اس رسہ کشی کے زمانے میں سر سالار جنگ نے مولوی صاحب کو فوراً حیدرآباد طلب کرلیا اور سر رشتہ مال میں محسن الملک کے مددگار کی حیثیت سے اُن کا تقرر چار سو ماہانہ پر کردیا اور چند ماہ کے بعد ہی اُن کو سات سو ماہوار اُسی عہدے کی تنخواہ ملنے لگی۔

سر سید کے مشن اور ان کے حوارین کے ساتھ جو عقیدت میری گھٹی میں پڑی ہے اس میں اس گروہ وقار عالی کردار مصنف اور اعلیٰ عہدہ دار کے معاملے میں ایک اضافہ اور ہوا تھا کہ مولوی صاحب مرحوم کے فرزند محبوب علی جو ناظم لابلگی کے عہدے سے ریٹائر ہوئے علیگڈھ کالجیٹ اسکول میں ۱۹۰۱ء سے میرے ہم جماعت تھے۔ ہم دونوں کی عمریں اتنی تھیں کہ اس سے زیادہ کچھ یاد رکھ سکیں کہ مرحوم بھاری بھر کم جسم، بڑے سر، بڑی آنکھوں والے تھے۔ اتنا خیال بھی ہے کہ بچوں کو بہت پسند کرتے تھے۔ بچے ان سے ڈرتے نہ تھے اور وہ بچوں کی ناسمجھی کی باتوں میں دل بہلاتے تھے۔ البتہ محسن الملک سے ان کے متعلق بہت کچھ سنتا رہا۔ محسن الملک کی یہ عادت تھی کہ کالج اور قوم کے کاموں سے جب وہ فارغ ہوتے تو اندر زنانے کے کمرے میں بیٹھ کر دادی صاحبہ مرحومہ سے جو عربی فارسی میں کافی دستگاہ رکھتی تھیں اپنے حیدرآباد کے پرانے ساتھیوں اور ہم عصروں کی اکثر باتیں کیا کرتے تھے اور اس طرح ہمیں مولوی چراغ علی صاحب، نواب اعظم یار جنگ کی بہت سی خصوصیات معلوم ہوئیں۔ محسن الملک اعظم یار جنگ سے

تقریباً سات سال بڑے تھے اور بارہ سال بعد اس دنیا سے رخصت ہوئے۔
آج پچاس پچپن برس کے بعد ہم ایسے خزاں رسیدہ کو سب سے زیادہ جو تکلیف ہوتی ہے وہ یہ ہے کہ اس زمانے میں آپس کے اختلافات کے باوجود محبت و اخلاص تھا۔ جو آج مفقود ہے۔ وہ بھلائیاں یاد رکھتے تھے اور ہم برائیاں۔ مثلاً علی گڑھ کے معاملات میں بعض امور میں نواب محسن الملک اور وقار الملک کا خصوصاً کالج میں انگریز اسٹاف کے معاملے میں اختلاف تھا لیکن جب میکڈانل جو اس وقت اس صوبے کے لفٹنٹ گورنر تھے ۱۹۰۰ء میں محسن الملک کے خلاف ہو گئے تو نواب وقار الملک ہی سب سے زیادہ محسن الملک کے ساتھ اُردو کی حمایت میں پیش پیش تھے۔ اسی طرح ان کی وفات کے بعد ۱۹۰۷ء سے ہمیں یہ محسوس ہوتا رہا کہ وقار الملک سے زیادہ ہمارے اس غم میں کوئی دوسرا شریک نہیں۔

محسن الملک جب معتمد مالگزاری تھے تو مولوی چراغ علی صاحب اُن کے مددگار تھے۔ جب وہ معتمد پولیٹکل و فنانس ہوئے مولوی صاحب مرحوم کا تقرر ان کی جگہ معتمدی مال پر ۱۸۸۴ء میں ہوا۔ ان دونوں کی حیدرآباد میں یکجائی ہونے کے پہلے ہی سے محسن الملک مولوی صاحب مرحوم کی عربی و فارسی کی قابلیت اور طرز تحریر کے مداح ہی نہیں تھے بلکہ ان کو انگریزی زبان پر کافی عبور رکھنے والا اور اظہار خیال پر قادر سمجھتے تھے۔ ان کا خیال تھا کہ اس زمانے کے مسلمانوں میں ان کا نمبر نواب عماد الملک اور سر امیر علی سے کم نہ تھا۔ وہ مولوی صاحب کو ان دونوں ادیبوں سے زیادہ محنتی اور کھوجی خیال

کرتے تھے۔ ان کی رائے میں مولوی صاحب مرحوم تفریحی مشاغل اور ظاہری شان و شوکت کے اظہار سے بالکل بے نیاز تھے۔ انہیں نہ توصیف و تعریف کی پروا تھی نہ وہ مخالفت کی پروا کرتے تھے۔ نواب محسن الملک یہ بھی کہتے تھے کہ ان کے مددگاروں اور دوسرے عہدے داروں میں مولوی صاحب مرحوم ہی ایسے تھے جنہوں نے ان کے عروج کے زمانے میں کبھی ان کی ہاں میں ہاں نہیں ملائی۔ اور نہ کبھی انہیں یہ توقع ہوئی کہ سرکاری یا غیر سرکاری معاملات میں وہ ذاتی تعلقات یا ماتحتی کی وجہ سے اپنی رائے بدل دیں گے۔

سرکاری معاملات میں جب تک وہ مقدمے کے پورے حالات سے واقف نہ ہو جائیں کبھی اپنی رائے کا اظہار نہیں کرتے تھے۔ وہ معاملے کی تہ کو اس درجہ کو پہنچ کر رائے تحریر کرتے تھے کہ کبھی بدلنے کی نوبت نہ آئی۔ ان کی اس حق پسندی اور بے لوثی کی اس درجہ شہرت ہو گئی تھی کہ ان تک بڑے بڑے افسر و بارسوخ آدمی کی سفارش پہنچانے کی کسی کو ہمت نہ پڑتی تھی۔ امیر امرائ جاگیردار والیان سمستان انہوں نے کبھی ان لوگوں سے ذاتی تعلقات بڑھانے کی یا ان کے ساتھ اُٹھنے بیٹھنے کی ضرورت نہ سمجھی اور چونکہ اُن سے مطلب برآری کی کسی کو توقع نہ تھی اس لئے مطلبی لوگ اُن سے نالاں رہتے تھے۔ وہ لوکل پالٹکس سے الگ تھلگ رہتے تھے۔ باوجود اس کے انہیں نواب سر آسمان جاہ کے زمانہ وزارت میں معتمد مالگزاری چھوڑ کر مساوی یافت پر گلبرگہ صوبہ داری پر جانا پڑا اور نواب وقار الملک گلبرگہ سے ان کی جگہ آئے کیونکہ سر آسمان جاہ کے لیے نواب وقار الملک کو حیدرآباد میں اس خدمت پر رکھنا ضروری تھا۔ وہ

اس وزارت میں مدار المہام وقت کے ناک کا بال سمجھے جاتے تھے۔ جب محسن الملک کو اپنے عہدے پولیٹیکل و فنانس کی معتمدی سے ہٹنا پڑا تو اس جگہ پر نواب اعظم یار جنگ کو بلانا ہی پڑا۔

قبل اس کے کہ اُن کی انتظامی قابلیت اور معاملاتِ سرکاری میں انہماک کا ذکر کیا جائے یہ بیان کر دینا مناسب ہوگا کہ جس علمی شغف اور تصنیف و تالیف کی دھن انہیں حیدرآباد میں ۱۸۷۷ء میں آنے سے پہلے تھی اس میں یہاں آکر اور اضافہ ہی ہوا۔ وہ اپنے کتب خانہ پر جتنی ان کی ماہوار آمدنی بڑھتی گئی، زیادہ خرچ کرنے لگے۔ ان کے ڈھب کے ایک مولوی صاحب عبداللہ خاں ٹونکی مل گئے جو اُن کے لئے نایاب کتابیں مہیا کرتے اور علمی مباحث میں حصہ لیا کرتے۔ ان مولوی صاحب کو انہوں نے نادر اور قلمی کتابیں تلاش کر کے لانے کے لیے مصر تک بھیجا۔ وہ عادتاً رات گئے تک آرام کرسی پر لیٹ کر کتاب پڑھا کرتے تھے اور اکثر اُسی کرسی پر اُن کی آنکھ لگ جاتی۔ جب چونکتے تو پھر پڑھنے لگتے یا میز پر جا کر لکھنا شروع کر دیتے۔ وہ مشکل سے تین چار گھنٹے سوتے تھے۔ انگریزی ادب پر پوری قدرت حاصل کرنے کی غرض سے انہوں نے لیٹن اور گریک بھی سیکھ لی تھی۔ وہ انگریزی زبان میں ایسی شستہ عبارت لکھنے لگے تھے کہ مسٹر جسٹس محمود جو کسی کو بہت کم مانتے تھے کہتے تھے کہ مولوی صاحب کا دماغ ایسے ایسے مقامات پر پہنچ جاتا تھا جہاں عام محققین نہیں پہنچتے۔

فرائضِ منصبی کی ادائیگی کے علاوہ مولوی صاحب ریاستِ حیدرآباد کی ایک بڑی خدمت جاگیرات پر ایک مفصل کتاب لکھ کر کرنا چاہتے تھے۔ اس کے لیے انہوں نے ہزاروں مسلیں دیکھ ڈالیں اور یہ معلوم کرنے کی کوشش کی کہ کون سی

جاگیر کس کو کن شرائط کے ساتھ ملی اور پھر اس میں نسلاً بعد نسلاً کیا تبدیلی ہوئی۔ جاگیر کا رقبہ کیا ہے۔ جاگیر دار کو کیا خدمت ریاست کی انجام دینا ہے۔ محاصل کیا ہے، کاشتکار اور دیگر باشندگان جاگیر کے حقوق اور ذمہ داریاں کیا ہیں۔ دیارہ کیا ہے اور وصولی کا طریقہ کیا ہے۔ کماحقہٗ سرکاری دفاتر میں مواد نہ ملنے کی وجہ سے ان کو جاگیر داروں سے رجوع کرنا پڑا۔ بعضوں نے تو اُن کے خطوط کا جواب تک نہیں دیا اور دل میں طرح طرح کے گمان کرنا شروع کئے۔ مجبوراً نواب صاحب مرحوم کو یہ کام ادھورا ہی چھوڑنا پڑا۔ اگر ان کے ہاتھوں جاگیر داری کی تاریخ مکمل ہو جاتی تو صیغہ انعام و عطیات کو نئی نئی الجھنوں اور جاگیر داروں کو آئے دن کے مقدمات کی پیروی سے نجات مل جاتی اور جاگیر داروں کے ورثاء کو جو صعوبتیں اٹھانا پڑا اس سے چھٹکارا نصیب ہو جاتا۔

اُن کو سرکاری خط و کتابت میں "اشد ضروری" سے سخت نفرت تھی اور نہ کبھی وہ ایسے الفاظ سے متاثر ہو کر ایسے لفافوں کو فوراً کھول کر پڑھتے تھے۔ اس معاملے میں ان کی خفگی کا باعث یہ بھی تھا کہ وہ اپنے مفروضہ کام کو کبھی ڈال کر نہ رکھتے تھے۔ وہ دفتر میں زیادہ بیٹھنے کے عادی نہ تھے۔

سرسالار جنگ کا انتقال یکایک ایک ہی دن کی بیماری میں ۳۰ ربیع الثانی سنہ ۱۳۰۳ھ ہجری کو ہو گیا اور مستقل انتظام ہونے تک مہاراجہ نریندر پیشکار کے سپرد وزارت کا کام کر دیا گیا۔ اس وقت سے لارڈ ڈرن کے آنے اور مرحوم نظام کے تخت نشین ہونے تک مختلف امراء وزارت کا خواب دیکھتے رہے۔ ایک گروہ لائق علی خاں کا حق جتاتا تھا۔ دوسرا آسمان جاہ اور وقار الامراء کو اس

منصب پر فائز دیکھنا چاہتا تھا۔ ہر طرف سے بڈھے پیشکار پر حملے ہونا شروع ہوئے
سر خورشید جاہ کا تو ایک دو جگہ بھی نام آکر رہ گیا۔ مسٹر پامر اور رستم جی مہاراجہ
کے لیے کوشش کرنے نکلے۔ میجر گاف، محسن الملک اور عماد الملک نے وزارت لائق علی
خاں کو اپنے باپ کا قائم مقام وزارت پر بھی حکومت ہند سے منوالینے کی ترکیبیں کرنا
شروع کیں۔ پوری ریاست بھر میں صرف مولوی چراغ علی اور نواب اکرم اللہ خاں
دو شخصوں کا نام لیا جاتا ہے نہ ان کو ان جھگڑے قضیوں سے کوئی دور کا تعلق بھی
نہ رہا۔ نواب اکرم اللہ خاں تو سر سالار جنگ کے مرتے ہی استعفا دے کر چلے گئے
اور چراغ علی خاں نے سالار جنگ کی زندگی ہی میں جو کتاب حیدرآباد دکن انڈر
سر سالار جنگ لکھنا شروع کی تھی اپنے گھر بیٹھے خاموشی سے بغیر اس خیال کے کہ کون
وزارت کا مستحق پاکر عنان حکومت ہاتھ میں لیتا ہے اس کتاب کی تکمیل میں مشغول
رہے۔ سر سالار جنگ کو معلوم تھا کہ یہ کتاب لکھی جارہی ہے اور اس کے کچھ جزو
چھپ بھی چکے تھے۔ لیکن اس کی اشاعت اور تکمیل اُن کے مرنے کے بعد عمل میں
آئی اور انہی کے نام سے منسوب کی گئی۔ اس کتاب کی چار جلدوں میں تمام
انتظامات اور ہر محکمے اور صیغوں میں جو اصلاحات ہوئیں ان کو مفصل بیان کیا
گیا ہے۔ یہ ایک مستند کتاب گذشتہ دور کی اور سر سالار جنگ کے زمانے تک
کے ختم کی جو تاریخی اور انتظامی معاملات پر ہے جو اس وقت بہت پسند کی گئی تھی
انگریزی اخبارات نے تعریفانہ ریویو کیے تھے۔ مسٹر کارڈری ریذیڈنٹ نے
مولوی صاحب کو ایک پرائیویٹ خط میں اس کی اشاعت پر مبارکباد دی تھی اور
ان کی محنت اور لیاقت کی تعریف کی تھی۔ ۱۸۸۴-۸۵ء Administration کی

رپورٹ جس کی آج تک تعریف کی جاتی ہے بڑی تقطیع کے چھ سو سے زیادہ صفحات پر شروع سے آخر تک ان ہی کی لکھی ہوئی تھی ۔ یہ رپورٹ ایک تاریخی حیثیت رکھتی ہے ! اور سرکار انگریزی میں ریذیڈنسی سے مسٹر کارڈری کے تعریفی نوٹ کے ساتھ بھیجی گئی تھی ۔ ان کی ملازمت کے سلسلہ کا ایک بڑا کارنامہ حیدرآباد کا پہلا باقاعدہ تفصیلی بجٹ ہے جس کی جامعیت کے ساتھ ساتھ اس کا اختصار اور صفائی بھی قابل تعریف قرار دی گئی ۔ اس بجٹ کی خصوصیتوں کا آگے چل کر خود مسٹر کرالی کو اعتراف کرنا پڑا ۔ مسٹر کرالی نواب وقارالامراء کی وزارت کے زمانہ میں حیدرآباد پر کنٹرولر جنرل کی حیثیت سے مسلط کئے گئے تھے تاکہ وہ ناگوار حالات کی جو سکہ و چاندی کی فروخت اور بیجا مصارف سے پیدا ہوگئے اور جن کی وجہ سے آگے چل کر دو کروڑ قرضہ لینے کا سوال پیدا ہوا روک تھام ہوسکے۔ انہوں نے رپورٹ تیار کی اس میں شاہی اخراجات کو بہت بڑھا چڑھا کر دکھایا۔ اور اس پر بڑی کڑی تنقید کی اور نظم ونسق کے سررشتوں میں تخفیف مصارف کی بھی تحریک کی ۔ مولوی صاحب اس وقت فنانشل سکرٹری تھے ۔ ان کے کانوں میں جب یہ بھنک پڑی کہ ایک انگریز کو کنٹرولر جنرل بنا کر یہاں لانے کی تدبیریں ہورہی ہیں ۔ اس کی روک تھام توان کی طاقت سے باہر تھی ۔ انہوں نے فنانس پر جو مستند کتابیں مل سکتی تھیں منگا کر دو ماہ میں ان سب کو پڑھ ڈالا ۔ جب مسٹر کرالی آئے اور ان سے سرکاری ملاقاتیں ہوئیں تو انہیں پتہ چلا کہ یہ موٹا میانہ قد اور بڑی بڑی آنکھوں والا دیسی آدمی عز علم جدید کے مالیہ کے اصولوں اور گورکھ دھندوں سے اُن سے زیادہ واقف ہے۔

مسٹر پلاؤڈن اس وقت ریذیڈنٹ تھے۔ انہوں نے سر آسمان جاہ سے وزارت کی کرسی خالی کرائی تھی محسن الملک اور وقار الملک کو یکے بعد دیگرے ریاست سے باہر کرایا تھا۔ فتح نواز جنگ بھی علحدہ کئے جاچکے تھے۔ نواب وقار الامراء بہادر کو وزارت پر لاکر ان کی جا بے جا تائید کررہے تھے۔ ایک طرف تو انہیں بڑھے ہوئے شاہی مصارف کا رونا تھا اور دوسری طرف حضور نظام کو مجبور کرکے فلک نما خرید وایا تاکہ اس طرح وقار الامراء کا قرضہ ادا کرسکے اور یہ الزام اُٹھ جائے کہ وزیر اس قدر قرض دار ہے۔ اگر مولوی چراغ علی کا دم نہ ہوتا تو ریلوے شیرز جو لندن میں محفوظ تھے بک ہی جاتے اور نظام اسٹیٹ ریلوے ہاتھ سے نکل جاتی۔ انہوں نے جمع وخرچ کا ایسا صاف اور واضح Ballence Sheet تیار کیا کہ پلاؤڈن کو اس سے اتفاق کرکے تعریف کے ساتھ حکومت ہند کو بھیجنا ہی پڑا۔ انہیں ایک عرصہ سے ذیابیطس کی شکایت تھی لیکن وہ آرام لینا جانتے ہی نہ تھے۔ ان پر اس مرض کا آخری زور جب شروع ہوا تو اس زمانے میں بھی وہ اپنے مشاغل میں مصروف رہے۔ آرام لینا تو ان کو آتا ہی نہ تھا۔ ان کے گردن کے اوپری حصے پر ایک گلٹی نکلی۔ حیدرآباد کے مشہور سرجن ڈاکٹر لاری نے کئی مرتبہ شگاف دیا اور زہریلا مادہ نکالا لیکن وہ ہر جراحی عمل کے بعد اور کمزور ہوتے گئے۔ ان کے عزیز اُن کو لے کر بمبئی گئے اور بہتر سے بہتر ڈاکٹروں کو دکھایا مگر جب انسان کا وقت آجاتا ہے تو کسی کی دوا کارگر نہیں ہوتی اور جہاں کی مٹی نصیبوں میں ہوتی ہے قسمت وہیں لے جاتی ہے۔ ان کو بمبئی گئے ہوئے ایک ہفتہ بھی نہ گزرا تھا کہ داعی اجل کو لبیک کہہ کر وہیں دفن ہوئے۔

جن خوبیوں اور خصائل کے وہ تھے ایسے انسان بہت کم پیدا ہوتے ہیں۔ وہ نہایت منکسر المزاج تھے۔ نام و نمود کی ان کو خواہش نہ تھی۔ حتیٰ کہ نواب اعظم یار جنگ بہادر خطاب ملنے کے بعد انھوں نے کبھی نوابی کی شان جو اُس وقت تو آج سے بھی زیادہ جتائی جاتی تھی کبھی نہیں دکھائی۔ انہوں نے ہمیشہ مولوی چراغ علی کے نام سے منسوب ہونا ہی پسند کیا۔ وہ اپنے ابتدائی زمانۂ ملازمت میں جس طرح سے لوگوں سے ملتے تھے اسی طرح معتمدی کے زمانے میں بھی ملتے رہے۔ وہ اپنے دوستوں اور عزیز و اقرباء کی نہایت خندہ پیشانی سے مدد کرتے رہے اور اس طرح سے مالی مدد کی کہ مدد حاصل کرنے والوں کو اپنی کم مائیگی کا احساس نہ ہو۔ روپیہ کو وہ ہاتھ کا میل سمجھتے تھے۔ نوکروں پر آقائی نہیں جتاتے تھے نہ کبھی سخت لفظ اُن کے مُنہ سے نکلتا تھا اور نہ نوکر کے قصور پر چاہے وہ کتنا ہی نقصان کرے غصے کا اظہار کرتے تھے۔ ذیابطس کی شکایت کی وجہ سے اور پھر اس پر جاگنے کی عادت کی بناء پر رات کو کئی دفعہ پانی پینا پڑتا مگر وہ نوکر کو آواز نہیں دیتے۔ خود ہی اُٹھ کر پی لیتے۔ جو لوگ ان کی طبیعت سے واقف نہ تھے ان کی خاموش طبعی کی وجہ سے کچھ کا کچھ سمجھتے۔ وہ چونکہ اپنے وقت کی قدر کرتے تھے۔ اِس لیے جو لوگ اُن سے ملنے آتے ان کو صرف مطلب کی بات ہی کہنے دیتے۔ جب سر سید کو اُن کی وفات کی اطلاع ہوئی تو اُن کو جس قدر رنج ہوا وہ اس مضمون سے ظاہر ہے۔ جو تہذیب الاخلاق کی اس سال کی جلد میں موجود ہے۔ سید صاحب لکھتے ہیں :۔

"افسوس۔ ہزار افسوس۔ صد ہزار افسوس کہ پندرھویں جون ۱۸۹۵ء کو

نواب اعظم یار جنگ بہادر مولوی چراغ علی نے بمقام بمبئی چار ہفتے کی بیماری میں انتقال کیا.......“

”افسوس کہ پندرھویں تاریخ کو جبکہ ہم بعض کاغذات ان کے نام روانہ کر رہے تھے اور خیر و عافیت چاہ رہے تھے اسی وقت انہوں نے بمبئی میں انتقال کیا.......... حیدرآباد میں سالار جنگ اعظم نے انہیں بلایا تھا۔ اس زمانے سے اس وقت تک متعدد انقلابات حیدرآباد میں ہوئے اور پارٹیاں بھی قائم ہوئیں مگر ان کو بجز اپنے کام کے کسی سے کچھ کام نہ تھا۔ ان کو بجز اپنے کام اور علمی مشغلے کے یہ بھی معلوم نہ تھا کہ حیدرآباد میں یا دنیا میں کیا ہو رہا ہے“۔

”انگریزی زبان میں بھی انہوں نے کتابیں تصنیف کی ہیں مذہب اسلام کے ایک فلاسفر حامی تھے۔ ہمارے بڑے دوست تھے۔ ایسی خوبیوں کے شخص کا انتقال کرنا ایسے زمانے میں کہ اُن کی عمر کچھ بھی زیادہ نہ تھی نہایت افسوس اور رنج کے لائق ہے (اِنَّا لِلّٰہِ وَ اِنَّا اِلَیہِ رَاجِعُون)

افسوس ہے کہ وہ مضمون اور لاحل سوال کا جواب جو انہوں نے تہذیب الاخلاق میں لکھنا چاہا تھا ناتمام رہ گیا اور اب امید نہیں کہ کوئی شخص اس لاحل سوال کو حل کرے گا۔“

وہ سوال جس کا ذکر اقتباس بالا میں ہے دو ماہ پیشتر تہذیب الاخلاق میں شائع ہو چکا تھا اور یہ اعلان بھی ہو چکا تھا کہ اس کا جواب مولوی صاحب مرحوم لکھ رہے ہیں جو انگریزی میں کتاب کی شکل میں ”العلوم الجدیدۃ والاسلام“

کے نام سے شایع ہوگا۔ سوال یہ تھا کہ اکثر لوگوں کی رائے میں یوروپین علوم و فنون کی تعلیم عقائد اسلام سے برگشتگی پیدا کرتی ہے۔ اگر یہ صحیح ہے تو یوروپین علوم و فنون کے ان مسائل اور ان کے دلائل کو بیان کرنا چاہیے جو اس برگشتگی کا باعث ہیں اور ان کتب دینیہ اور ان مقامات کا نشان ضروری ہے جن کو تعلیم میں داخل کرنے سے اس برگشتگی کی روک ہوسکے اور یہ رائے صحیح نہیں ہے تو اس کی عدم صحت کا بیان جہاں تک ممکن ہو مفصل اور دلیل سے بیان کیا جائے۔

مذہبی تصانیف میں ان کی پہلی کتاب "تعلیقات" کے نام سے ۱۸۷۲ء میں لکھنؤ سے شایع ہوئی تھی۔ اس میں انہوں نے پادری عمادالدین کی کتاب تاریخ محمدی کا جواب دیتے ہوئے یہ لکھا کہ اس کے ماخذ غلط ہیں حضرت عیسیٰ اور انجیل پر تفصیلی بحث کی تھی۔ اس کے بعد انہوں نے انگریزی میں متعدد کتابیں "ریفارمز انڈر مسلم رول" محمدی پرافٹ وغیرہ لکھیں تحقیق الجہاد میں انہوں نے یہ ثابت کیا ہے کہ اسلام تلوار کے زور سے نہیں پھیلا۔ جہاد کی حقیقت بتلاتے ہوئے انہوں نے اس بات کو دکھایا ہے کہ پیغمبر اسلام کے زمانے میں جو لڑائیاں لڑی گئیں اس میں کفار کو قتل کرنا اور تلوار کے زور سے ان کو مسلمان کرنا مقصود نہیں تھا بلکہ وہ سب حالت مجبوری میں اپنے بچاؤ کے لیے لڑی گئیں۔ ایک اور کتاب میں انہوں نے اسلام کی دینوی برکتیں دکھلائی ہیں۔ ایام الناس جو اردو میں لکھا ہوا ایک چھوٹا سا رسالہ ہے اس میں اس بات کو ثابت کیا ہے کہ قرآن میں کوئی بھی من گھڑت قصہ نہیں۔ اس کتاب کے لکھنے میں انہیں بڑی محنت برداشت کرنا پڑی ہوگی اور کافی دقتیں ان کتابوں کے مہیا کرنے

میں اٹھانا پڑی ہوں گی جس پر انہوں نے استدلال کیا ہے۔ اس کتاب میں انہوں نے قدیم یونانی اور عبرانی مورخوں کے حوالہ سے ان قوموں کا وجود ثابت کیا ہے۔ اس کے علاوہ انہوں نے متعدد رسالے لکھے ہیں اور کئی کتابیں ناتمام حالت میں چھوڑ گئے۔ ان رسالوں میں "غلامی" "تعدد ازدواج" بہت مشہور ہیں۔ سر ولیم میور نے جو قرآن پر اعتراضات کئے تھے اس کے جواب میں انہوں نے "رد شہادت قرآنی بر کتب ربانی" لکھی تھی۔

مولوی امیر حسن صاحب مرحوم جو محسن الملک کے چھوٹے بھائی تھے جنہوں نے اپنے نامور بھائی کی کتاب "آیات بینات" کا جواب "آیات محکمات" کی تکمیل میں عمر کا بہت حصہ صرف کیا، فرماتے ہیں کہ مذہب پر کتاب لکھنے والوں میں جو روش مولوی صاحب کی تھی اس کی بڑی خوبی یہ تھی کہ ان کے اعتراضات و جوابات سے یہ پتہ چلانا دشوار تھا کہ وہ سنی ہیں یا شیعہ۔ مقلد ہیں یا غیر مقلد۔ وہ جہاں تک ہوسکتا قرآن ہی سے استدلال کرتے تھے۔ عام رائے یہ ہے کہ مولوی چراغ علی اپنے ہم عصروں میں سب سے زیادہ محقق اور وسیع النظر تھے۔ ان کی تقریباً سب کتابیں اسلام کی حمایت میں ہیں جس میں نہ لفاظی اور نہ عبارت آرائی ہے اور نہ خواہ مخواہ فصاحت و بلاغت دکھائی گئی ہے۔ وہ واقعات کی تنقید و تنقیح صحیح نتائج کے استخراج اور معلومات علمی سے لبریز ہیں۔ ظاہر ہے کہ ایسی تحریر میں جوش اور گرمی نہ ہوگی اور روکھی پھیکی سی ہوں گی جن سے نہ جذبات بھڑکیں گے اور نہ دل پھڑکیں گے۔ ان میں محض منطقی سر دمہری ہوگی۔ انہوں نے دنیا کو اپنی تصنیفات سے دکھلا دیا کہ مذہب اسلام ہی ایک

مذہب ہے جس میں ترکِ دنیا و ترکِ لذات کے بغیر روحانی ترقی کے مدارج طے کرنے کے ذرائع موجود ہیں۔ وہ ان عالموں میں سے تھے جن کو صحیح معنوں میں عالم باعمل کہا جاتا ہے۔ جو وہ کہتے تھے اس پر خود عمل بھی کرتے تھے۔ اُن کا ظاہر و باطن ایک تھا۔ وہ ایک شفیق باپ اور مخلص دوست تھے۔ ادائے حقوق میں وہ کامل تھے اور اپنی بات کے پکے۔ انہوں نے اپنی زندگی کا ایک لمحہ بیکار صرف نہیں کیا۔ وہ ایک ایسی مثال چھوڑ گئے جس کی پیروی کر کے دین و دنیا دونوں سنبھل سکتے ہیں۔

١٧ امرداد ١٣٠٤ فصلی کے جریدہ اعلامیہ میں ان کی وفات پر مندرجہ ذیل اعلان شائع ہوا۔

"نواب مدار المہام سرکار عالی نے نہایت درجہ افسوس کے ساتھ سُنا کہ مولوی چراغ علی صاحب اعظم یار جنگ بہادر معتمد مال و فنانس سرکار عالی کا بتاریخ ہشتم امرداد ١٣٠٤ فصلی بہ روز شنبہ بمقام بمبئی جہاں وہ علیل ہو کر بغرض علاج و تبدیل آب و ہوا گئے تھے انتقال ہو گیا۔ مرحوم ایک نہایت لائق کارگزار واقف کار، ذی علم، مستقل مزاج اور سنجیدہ عہدہ دار تھے۔ نواب مدار المہام سرکار عالی مکرر اظہار افسوس کرتے ہیں کہ طبقہ عہدہ داران میں سے مولوی چراغ علی صاحب مرحوم کے ایسے منتخب اور برگزیدہ شخص کے انتقال سے درحقیقت بہت نقصان پہنچا۔"

ان کا سوگ مسلمانوں نے ہر جگہ منایا اور انگریزی اور اُردو اخبارات میں

تعزیتی مضامین چھپے اور ان کی قومی، مذہبی اور ملکی خدمات کو سراہا گیا۔ متعدد قطعے، تاریخیں اور نظمیں لکھی گئیں۔ "وائے اعظم یار جنگ" سے ان کی وفات کی تاریخ ۱۳۱۳ھ نکلتی ہے۔ مولانا حالی نے جو قطعہ لکھا تھا اس کے چند شعر جن سے مولوی چراغ علی مرحوم کی اس عظمت کا جو سرسید کے حوارین کے دل میں تھی پتہ چلتا ہے۔ وہ یہ ہیں:-

مستفیدان پر نہ کردہ دامن معنی ہنوز
مشتے از گنجینۂ لعل و گہر پاشید و رفت
از سحاب فیض کلکش نا شدہ سیراب خلق
ساعتے برقِ یمانی از افق تابید و رفت
کردہ بے آزارِ خلق اعمال سلطانی ادا
نے زکس رنجید و نے کس را برنجانید و رفت
یاوران قوم را تا زیست یاور بود و یار
ہرچہ بتوانست در تائید شان کوشید و رفت

مسٹر سید محمود نے ان کی انتقال کی خبر سنتے ہی کہا:

حیف چراغ علی از دنیا نہاں شد

اس سے ان کی وفات کی تاریخ سنہ عیسوی بھی نکلتی ہے۔ سید محمد واحد علی صاحب کاکوروی نے جو اُن کے ساتھ حیدرآباد میں کام کر چکے تھے تاریخ کہی:-

"گوہرِ شب چراغ بود نہ ماند"

مختصر یہ کہ مولوی چراغ علی نواب اعظم یار جنگ بہادر اُن ہستیوں میں سے

تھے جو پیوند خاک ہو جانے کے بعد بھی زندہ رہتے ہیں ۔ ان بزرگوں کی یاد آتے ہی مسلمانوں کو یہ نہ بھولنا چاہئیے کہ اُردو اُن کی مذہبی زبان نہیں ہے اور نہ اکیلے انہی کی بنائی ہوئی ہے ۔ مگر اس کے مِٹتے ہی سرسید ۔ محسن الملک ۔ وقار الملک ۔ اعظم یار جنگ ۔ حالی ۔ شبلی ۔ نذیر احمد ۔ ذکاء اللہ ایسے بزرگوں کو حقیقی موت آجائے گی، اور اگلی نسل میں کوئی اُن کا نام بھی نہ سُن سکے گا۔

خدا وہ وقت نہ لائے !

رامچندر نائک

ارسطو کا قول ہے کہ اپنی آن بان، مرتبوں اور عہدوں کے حصول میں نہیں بلکہ اس حقیقت کے قلبی احساس میں ہے کہ ہم اس اعزاز کے مستحق تھے۔ میری اور رام چندر نائک کی ۳۵ سال سے خاصی دوستی تھی۔ یہ دور طرح طرح کی راحتوں کا بھی تھا اور تفکرات کا بھی۔ ان کی سب میں بڑی خوبیاں یہ تھیں کہ انہیں اپنی ذات پر اعتماد تھا اور خودی کا پورا پورا احساس خواہ مقدمہ کی فیس ہو یا قومی معاملات ان کے انہماک کا اعتراف کہ وہ خود کو اس کا مستحق سمجھتے تھے۔ وہ آگے بڑھ جانے کے بعد سطح سے نیچے رہ جانے والے دوستوں کو بھولتے نہ تھے۔ ان کا گھر ہو یا جلسہ عام۔ چیف جسٹس کی شان اُن کے اور ان کے کم رتبہ دوستوں کے درمیان کبھی حائل نہیں ہوئی۔ اُن کی عادت جلدی گھُل مل جانے کی نہ تھی جس کی وجہ سے اکثر لوگ اس غلط فہمی میں پڑ گئے تھے کہ وہ مغرور ہیں۔

پیشہ وکالت کا ایک پہلو اس صدی میں ایک چینی مثل کا مصداق بن گیا ہے کہ قانون کی مدد لینا بلی کی خاطر گائے کو کھونا ہے اور ہے بھی ایسا ہی۔ اکثر پریکٹس میں مقدمہ بازوں کے متعلق عام طور سے کہا جاتا ہے کہ "جیتا سو ہارا، ہارا سو مرا" مسٹر بالفور (Mr. Belfour) نے ایک موقعہ پر کہا تھا کہ

قانون ایک چوہے دان ہے جس میں گھسنا تو آسان ہے مگر نکلنا مشکل ۔مولانا محمود حسن خاں ٹونکی مرحوم نواب اکبر یار جنگ کے بڑے ذی علم دوست تھے۔ انہوں نے ایک بڑی پتہ کی بات کہی تھی کہ تمہارا قانون بدی کی سزا دیتا ہے۔ پرانا قانون بھلائی کا انعام دیتا تھا۔ اب قانون کی دفعات یاد کرائی جاتی ہیں۔ زمانہ سلف میں اخلاقیات کا درس دیا جاتا تھا۔ قوانین کی افراط بمصداق نظر میں یہ ہے کہ یا تو حکومت ظالم و جابر ہے۔ یا عوام باغی و بدکردار۔ نائک کی افتاد طبیعت اخلاقیات کی طرف مائل تھی۔ ان کی نظر موکل کی جیب پر نہیں پڑتی تھی۔ اور وہ اپنے موکلوں کو عدالت کے چکروں میں الجھائے رکھنا پسند نہیں کرتے تھے۔ ایک حد تک قانون اور طبابت کے شعبے میں یکسانیت ہے۔ یہ بتا دینا کہ فلاں دوا نقصان رساں ہے، آسان ہے۔ مگر مرض کی کاٹ کونسی دوا کرے گی بتانا مشکل ہے۔ دونوں پیشوں میں قابلیت، ذہانت اور دل سوزی کی بڑی ضرورت ہے۔ دونوں پر یہ الزام لگایا جاتا ہے کہ وہ ذراسی بات کو بڑھا چڑھا کر دکھاتے ہیں وکیل پر یہ الزام لگایا جاتا ہے کہ وہ معمولی الزام کو اتنا بڑھا دیتا ہے کہ بعض وقت خود بدگوئی اور بہتان کے حدود میں داخل ہوتا ہوا نظر آتا ہے۔ نائک اس اصول کے پابند تھے کہ وکیل کے لیے ذہانت اور فصاحت سے زیادہ واقعات مقدمہ پر حاوی ہونے کے لیے تن دہی کی ضرورت ہے۔ وکیل کا کام نتھارنا معین کرنا۔ موشگافی نظائر کا دیکھنا اور ان کی مطابقت کرنا ہے نہ کہ لفاظی اور رنگین بیانی۔ وہ جب کسی پیچیدہ اور اہم مقدمہ کی تیاری کرتے تو سیر و تفریح سب چھوڑ کر اس میں مشغول ہوجاتے اور معاملہ کی تہ تک پہنچنے کی

پوری کوشش کرتے ۔ وہ کسی دوسرے کے بتائے ہوئے بریف پر تکیہ نہیں کرتے تھے۔

جب انہوں نے وکالت شروع کی، ہائی کورٹ ایک کرائے کے مکان میں تھا۔ یہ نہیں کہ اس زمانہ میں قابل اور لائق وکلا نہ ہوں عزیز حسن، مولوی عبدالقیوم اور احمد شریف ایسے خوددار وکلاء موجود تھے جو عید بقرعید کو بھی حاکموں کے گھر کا چکر نہیں لگاتے تھے ۔ اگرچہ ان کے پاس یونیورسٹیوں کی ڈگریاں نہیں تھیں لیکن یہ قانون میں ڈوبے ہوئے تھے ۔ مگر کثرت ایسوں کی تھی جو عدالت کا لطف و کرم چاہتے تھے اور بحث اس پر ختم کیا کرتے تھے کہ عدالت خود روشن ضمیر ہے اور اس کے انصاف کا شہرہ زبان زد خاص و عام ہے اُن کو کسی عہدہ دار مال یا عدالت العالیہ کے رکن کی سرپرستی اور دوستی نصیب نہیں ہوئی ۔ اس پر بھی ان کی وکالت خوب چلی اور جاگیرداروں اور ساہوکاروں کا ایک بڑا گروہ ان پر اعتماد کرنے اور ان کے مشوروں پر چلنے لگا ۔

میں اور وہ ساتھ ہی ساتھ مجلس وضع قوانین کے سر علی امام کے زمانے میں رکن منتخب ہوئے تھے ۔ یہاں کی مجلس وضع قوانین

از پس پردۂ طوطی صفتم داشتہ اند
انچہ قسام ازل گفت ہماں می گویم

کی صورت اختیار کئے ہوئے تھی ۔ سر علی امام اور مرزا یار جنگ کا بڑا شاہکار برٹش انڈیا کے عمل کے برخلاف یہ تھا کہ جوڈیشل اور اگزیکیٹو علیحدہ علیحدہ ہو گئے ۔ لیکن ہم اس عمل کو ناقص اور بڑی حد تک نمائشی اور نامکمل سمجھتے تھے۔
ہمارے دور میں پہلا بل مجلس وضع قوانین میں ترمیم رسوم عدالت پیش ہوا جس کو

میر مجلس عدالت نے پیش کیا۔ ہم دونوں نے مشورہ کر کے ٹھان لیا کہ اس کو تو پاس ہونے نہ دیں گے۔ چنانچہ ایسا ہی ہوا لیکن ہم دونوں کی طرف سے جو ناراضگی بعض عہدہ داروں کے دل میں پیدا ہوئی وہ پھر نہ نکل سکی۔

سیاسی اور ملکی معاملات میں وہ جذباتی نہ تھے۔ ان کی نظر میں امید اور خوف سے متاثر نہ ہونا۔ ذاتی خواہشات کو کم کرنا۔ اخلاقیات کا درس حاصل کرنا۔ قومی خدمت گذاری کے لیے بہت ضروری تھا اور اسی پر چل کر انھوں نے نمایاں مقام حاصل کیا۔ جب کبھی ان سے سیاسی گفتگو ہوتی تو وہ ہمیشہ برک کے اس مقولے کو کسی نہ کسی طرح ضرور دہرا دیتے کہ آزادی، حماقت، بدی، پاگل پن سب کچھ ہے۔ اگر اس پر عقل اور اخلاقی خوبی کا انکس نہ ہو۔ ان میں ایجی ٹیشن کرنے کا مادہ بہت کم تھا۔ وہ ٹھوس اور خاموش کام کرنا پسند کرتے تھے۔ ان کو سب سے زیادہ لطف نوجوان طلباء سے ملنے اور ان کے مجمعوں کو ایڈریس کرنے میں آتا تھا۔ باوجود پوری ہمدردیوں کے نہ انہوں نے خلافت ایجی ٹیشن میں اپنے عزیز دوست اصغر یار جنگ کے ساتھ آکر مجمع عام میں تقریریں کیں اور نہ بعد کی ملکی شورشوں میں۔ حالانکہ انہوں نے حکومت کی قیود اور بندشوں کے خلاف ہمیشہ کام کیا۔ وہ سیاسی بیداری کا احساس پیدا کرنے میں کبھی نہیں جھجکے اور حکومت کی آنکھ میں کھٹکتے رہے۔ مصاحب جنگ کے تقرر کے وقت ہی سے مسٹر ٹاسکر اور کرنل ٹرینچ کو ان کو ہائی کورٹ کی جج پر لانے کی خواہش رہی لیکن وہ کسی کے پاس نہ گئے۔ اسی وجہ سے ان کا تقرر ایک مدت تک نہ ہوسکا۔ تقرر کے وقت بھی

"طفل بمکتب نمی رود و لیے بر اندیش"

والا مضمون رہا اور پہلی مرتبہ وہ ہائی کورٹ سے اس آن بان کے ساتھ علیحدہ ہوئے کہ خواص کی نظر میں ان کی قدر و منزلت دوگنی ہوگئی۔

ان کی سوشل اور پرائیویٹ زندگی نہایت پاک تھی۔ وہ اتنے مضبوط طبیعت کے آدمی تھے کہ اس پر صحبت کا اثر پڑتا نہ تھا۔ وہ ہر محفل میں اپنا رنگ قائم رکھتے تھے۔ اور بار خاطر بھی نہ ہوتے تھے۔ امراء میں صرف نواب سالار جنگ مرحوم سے ان کے دوستانہ تعلقات تھے۔ راجہ دھنراج گیر سے تو رفتہ رفتہ بہت ہی وسیع تعلقات ہوگئے جن میں آخر وقت تک فرق نہیں آیا۔ اپنی ازدواجی زندگی سے قبل جو خاصی دیر میں شروع ہوئی وہ صحیح معنوں میں برہمچاری رہے۔ نہ انہوں نے کبھی پتے کھیلے نہ کبھی بنت عنب کو ہاتھ لگایا۔ ہاں اس کے دیکھنے کے تو وہ دوستوں کی صحبت میں گنہگار ضرور تھے محفل رقص میں بیٹھنا ان پر بار گزرتا تھا۔ وہ سختی سے گوشت خوری سے پرہیز کرتے تھے۔ وہ متعصب تھے اور نہ چھوت چھات کے پابند۔ البتہ ان کے ہم مذہبوں کے ساتھ جب کبھی ان کی قابلیت کو پس پشت ڈال کر دیکھنے میں جو انصافی ہوتی تھی وہ اس کے اظہار میں تکلف نہ کرتے تھے۔

پولیس ایکشن کے بعد انہوں نے چیف جسٹسی منظور کرلی اور بڑی ہمت، قابلیت اور بے لوثی کے ساتھ انہوں نے جوڈیشل ڈپارٹمنٹ کی خدمت اور اس کے وقار کو قائم رکھا۔ محنت سے زیادہ اُن روحی صدمات نے جو عدالت العالیہ کے وقار کو حکومت کے اثر سے آزاد رکھنے میں اُٹھانا پڑے، اُن کی صحت کو برباد

کردیا۔ انہیں عثمانیہ یونیورسٹی کی وائس چانسلری دینے کے منصوبے ہوئے۔ مگر انہوں نے چند شرائط کے بغیر اس کو منظور کرنے سے انکار کردیا۔ کانگریسی دور حکومت میں جب بھی ان کی خدمت کی ضرورت ہوئی انہوں نے اس کو قبول کیا۔

جس دن وہ چیف جسٹس سے ہٹے ہیں ان سے میدان سیاست میں آکر ایک بڑے طبقہ کی رہنمائی کرنے کے لیے اصرار کیا گیا لیکن کچھ ایسے وجوہ تھے کہ اصغر یار جنگ اور راجہ بشیشور ناتھ کی طرح وہ بھی نہ تو کانگریس پارٹی کی رہنمائی کرسکے اور نہ علیحدہ گروہ بندی کو انہوں نے گوارا کیا۔ ان لوگوں کے نقش قدم پر چلنے والے لوگ اگر ہوتے تو سیاست میں جو افراتفری نظر آرہی ہے نہ آتی۔

خدا بخشے۔ بہت سی خوبیاں تھیں مرنے والے میں۔

نواب رفعت یار جنگ

اپنی حیات میں نواب سر سالار جنگ اول نے جو نظم و نسق مملکت کی تنظیم
جدید شروع کی اور ضلع بندی ہونے لگی۔ اس کے وسطی زمانے میں سررشتہ
مال میں دو عہدیدار ایسے تھے جن کا نصب العین صرف رعایا کی فلاح تھی سفر
ضلع کا سنگھار اور آبادی کا سدھار دونوں کے پیش نظر تھا۔ مگر حصول
مقصد کی راہیں ہی جدا نہ تھیں بلکہ دونوں کی طبیعتیں مختلف اور تخمینیں منفا۔
لیاقت جنگ جب کچھ کہنے کو بھی نہ رہ جائے چپ نہیں رہتے تھے رفعت یار جنگ
کا مسلک خاموشی تھا کہ کہیں زبان سے تعلی و متوالے پن کا اظہار نہ ہو جائے۔
لیاقت جنگ بجلی تھے اور رفعت یار جنگ خاموش بہنے والے دریا کا آہستہ
خرام دھارہ۔ ایک میں انگریزیت کی اکڑفوں بدرجۂ اتم اور دوسرا مولوی پن
کی رعونت سے بھی عاری۔ رفعت یار جنگ کی خصلت، عادت اور انداز تمکنت
میں انتہائی سادگی تھی۔ اس سادگی کے ساتھ انسانیت ان کے کردار میں مل
ہو گئی تھی جو ان کے خیالات کی گہرائی کا قدرتی نتیجہ تھی۔ دنیا میں چند ہی
لوگ ایسے ہوتے ہیں جن کی خاموشی اور سادہ زندگی میں وہ دبدبہ نمایاں رہتا
ہے جو ذکاوت اور تیز طبعی کی ندرت اور لطافت سے نہیں بڑھا چڑھا سمجھا

جاتا ہے۔

میں محسوس کرتا ہوں کہ میں نواب صاحب مرحوم کو ان کے اصلی رنگ
میں جس کے باعث انہیں اپنے ہم عصروں میں ایک مخصوص مرتبہ و مقام
حاصل تھا پیش کرنے سے قاصر رہونگا۔ فطرت انسانی کے مطابق بچپن میں
حافظہ لوچ دار و تغیر پزیر ہوتا ہے۔ عمر کی پختگی میں زیادہ محکم مگر بچپن میں
لفظ حفظ ہو جاتے ہیں اور سن شعور میں وہ معاملے جن کو ہمارا دل و دماغ
محفوظ کرلینا چاہتا ہے لیکن حافظے کی قوت کا راز اس انہماک اور میلان طبع
میں ہے جس سے کسی واقعہ کو دیکھا یا کسی بات کو سنا جاتا ہے کوئی شخص
ایسے واقعات کو عرصے تک یاد نہیں رکھتا جس سے اس کو دلچسپی نہ ہو یا
اس قماش کے نہ ہوں جن سے اس کا فطری رجحان ہے چونکہ میری طبیعت
میں متانت و سنجیدگی فکر و غور کا عنصر کچھ واجبی ہی سا ہے اور عمر ہنسنے ہنسانے
میں گزری ہے اس لیے میرا یہ خدشہ ان موسیقاروں کی طرح نہیں ہے جو گانے
سے پہلے ہی یہ عذر کر دیا کرتے ہیں کہ آج آواز خستہ ہے۔ اگر سامعین کے توقعات
پورے نہ ہوں تو معاف کریں۔

جب ہم فطرت انسانی کے ادھچے پن سے مرعوب اور محصور ہو جاتے تھے۔
اور یہ بات ذہن نشین نہ لا سکتے تھے کہ سکوت و بے زبانی خیالات کی پاکیزگی
کا مظہر ہوتی ہے اور شور مچانے والے ڈھول کا پول خالی ہوتا ہے۔ ہمیں
نواب رفعت یار جنگ کچھ اللہ والوں ایسے صاحب مقدرت نظر آتے تھے اور
سمجھتے تھے کہ نوابوں کی مختلف قسموں کی طرح یہ بھی کسی قسم کے نواب واقع ہوئے ہیں۔

ایک میانہ قد گول داڑھی والا شیروانی پہنے، دستار سر پر دھرے چھڑی پر دونوں ہتھیلیاں ٹیکائے ٹس سے مس نہ ہونے والا منھ بند نواب۔ جو نہ ہنس کر بات کرتا ہے نہ پند و نصائح کے دفتر کھولتا ہے۔ چہرا نہ اضمحلال کا اظہار کرتا ہے نہ بشرہ سرورِ قلب کی غمازی کرتا ہے۔ جب کھوٹے کھرے کی تمیز آئی تو معلوم ہوا کہ یہ انہی کی غلطی تھی جو ان کی قدر نہ پہچان سکے۔

گر نہ بیند بروز شپرہ چشم   چشمۂ آفتاب راچہ گناہ

کہا جاتا ہے کہ ان کی خاموش کارکردگی ہی ان کی شہرت کا باعث ہوئی۔ وہ جو کچھ کرتے تھے اس کا ڈھول پیٹنا تو کیا اپنے اعزہ و احباب سے بھی اس کا تذکرہ کرنا فضول اور بیکار سمجھتے تھے۔ عہدوں کی چھینا چھپٹی ان کا شیوہ نہ تھا۔ اور ہم عصروں سے ٹکر لینا وہ سخت معیوب سمجھتے تھے۔ دیکھنے میں وہ ایک روکھی پھیکی طبیعت والے افسر معلوم ہوتے تھے۔ اگرچہ اُن کی شخصیت پر الگ تھلگ رہنے کی نقاب پڑی رہتی تھی۔ پھر بھی نلگنڈہ ہو یا نظام آباد ورنگل ہو یا اورنگ آباد وہ جہاں رہے عوام کی نگاہوں میں ولی بنے رہے۔ وہ اپنے عہدے کے فرائض اور ذمہ داریوں کو کبھی پس پشت نہیں ڈالتے تھے۔ خود بھی ان کو پورا کرتے اور ماتحتین پر بھی کڑی نگاہ رکھتے۔ سخت گیری کے باوجود ان میں دل آزاری کا مادہ نہ تھا اور نہ اُن پر ماتحتوں کی نیاز مندی اور خوشامدانہ حرکتوں کا کوئی اثر پڑتا تھا۔ ان پر اگر اثر پڑتا تھا تو رعایا کے دکھ درد کا وہ ہمیشہ اس بات کا خیال رکھتے تھے کہ عملہ اور اہلِ معاملہ اور دیہاتی ان کے دوروں کی وجہ سے بلا وجہ تکلیف نہ اٹھائیں۔

نواب صاحب مرحوم کا نام ضیاء الحق فصیح الدین احمد تھا۔ حضرت غفران مکان نے انہیں ان کے والد مرحوم رفعت یار جنگ کے خطاب سے سرفراز کیا۔ انگلستان جانے سے پہلے انہیں علی گڈھ کی تعلیم اور سرسید کی تربیت سے فیض یاب ہونے کا موقع ملا۔ انگلستان سے واپس آنے کے بعد سرسید نے یہ محسوس کیا تھا کہ پرانے متمول شرفاء کے بچے جہاں تک ہوسکے اکسفورڈ اور کیمبرج کی یونیورسٹیوں میں جاکر نئی تعلیم اور نئے ڈھنگ سے آشنا ہوکر آئیں اور مسلمانوں کی ڈوبتی ناؤ کو پار لگانے کے اہل بن جائیں چنانچہ اسی تحریک کے باعث فصیح الدین پہلے علی گڈھ گئے۔ اور کچھ عرصے سرسید کی نگرانی میں رہ کر انگلستان تعلیم کی غرض سے گئے۔ محی الدین صاحب مرحوم جو ہنٹر صاحب کے نام سے مشہور تھے۔ اور پھر محی الدین یار جنگ کے خطاب سے سرفراز ہوئے۔ وہ صاحبزادے آفتاب احمد خاں اور سید حبیب اللہ مرحوم یہ سب آگے پیچھے علی گڈھ سے ابتدائی تعلیم حاصل کرکے انگلستان ایک ہی دور میں بھیجے گئے۔ سید حبیب اللہ مرحوم جو یوپی میں اسٹیچواری سویلین (Statuary Civilian) ہوگئے تھے۔ بیان کرتے تھے کہ ہم سب کی طبیعتیں مختلف تھیں اشتغال مختلف پھر بھی ایک دوسرے کے حقیقی معنوں میں دوست تھے۔ فصیح الدین اپنے ارادوں میں اس زمانے ہی سے اتنے مضبوط تھے کہ ان پر صحبت اور ساتھ اٹھنے بیٹھنے کا کوئی اثر نہ پڑتا تھا۔ وہ تفنن طبع اور جوانی کی امنگوں کے شکار نہیں ہوئے حبیب اللہ صاحب محض ان سے تیس برس پرانی دوستی کو پھر تازہ کرنے

کے لیے سنہ ۱۹۲۰ء یا سنہ ۱۹۲۱ء میں کانپور سے حیدرآباد آئے تھے۔ انہیں ان کی حیدرآباد میں رہتے ہوئے اور ایسے بارسوخ خاندان کا نمائندہ ہوتے ہوئے امراء اور جاگیرداروں کی صحبت سرود و نشاط سے علیحدہ علیحدہ رہنے پر ذرا بھی تعجب نہیں ہوا۔

والد مرحوم سے ان کے چھوٹے بھائی نظامت جنگ بہادر کے گہرے تعلقات تھے۔ والد اور رفعت یار جنگ دونوں کے بنگلے قریب ہونے کی وجہ سے جب رفعت یار جنگ بہادر حیدرآباد آتے تو وہ ان کے پاس ملنے کو ضرور جاتے اور ان کا بہت احترام کرتے تھے اور یہ اس دور کے بزرگوں کا دستور تھا کہ چھوٹے کتنے ہی بڑھ جائیں مگر مدت العمر خورد خورد ہی رہتا تھا نظامت جنگ اور ان کے دوست نواب صاحب مرحوم کو اپنا بڑا ہی سمجھتے تھے حالانکہ ان سب کی عمروں میں پانچ سات برس سے زیادہ کا فرق نہ ہوگا۔ آج ہم کلچر کلچر پکارتے پھرتے ہیں مگر اخلاق کا اعلیٰ معیار جو ہمارے بزرگوں میں تھا آج عنقا ہے۔ ان کی دوستی دوستی تھی اور ہماری محض دفع الوقتی، میرے دل میں ان کا رعب ایسا بیٹھا تھا کہ ان کی خدمت میں حاضر ہوتے ہوئے جھجکتا تھا۔ ان کی خوبیوں کے قصے غیر شعوری طور پر ان کی عظمت لوگوں کے دل میں بٹھاتے چلے جاتے تھے۔ علی گڑھ کے رشتے کی بدولت پہلی مرتبہ میری اور ان کی گفتگو ہوئی تھی۔ مرحوم ڈیوٹی سوسائٹی کے وفد جب اس مملکت میں آتے چندہ دینے اور دلانے میں عذر نہ کرتے۔ اور طلباء کی حوصلہ افزائی کرتے۔ مگر صرف چند ہی الفاظ میں۔ ہماری علی گڑھی برادری

کے وہ مستقل رکن تھے۔ چونکہ زندہ دلی کی صلاحیتوں سے محروم تھے اس لیے ہمارے کھلنڈرے پن کی صحبتوں سے دور دور رہتے تھے۔ میجر عظمت اللہ خاں کہتے تھے کہ جب اولڈ بوائز ایسوسی ایشن کی شاخ حیدرآباد (آج سے پچاس برس پہلے) قائم ہوئی تو سب کی خواہش تھی کہ نواب صاحب مرحوم کو اس کا صدر بنایا جائے۔ لیکن انہوں نے فرمایا کہ محی الدین صاحب (ہنٹر صاحب) ان سے عمر میں زیادہ ہیں صدارت انہیں کا حق ہے۔ دیکھنے میں تو یہ معمولی بات تھی اور طبعاً وہ ایسی ذمہ داریوں سے پرہیز کرتے تھے جن کو وہ پوری طور سے ادا نہ کرسکیں لیکن اس اصول سے جو آگے چل کر دشواریاں پیش نہ آئیں وہ ہمیں لوگ جانتے ہیں۔ اولڈ بائز اسوسی ایشن کے عہدوں کے حصول کے لیے خود علی گڈھ میں جو رسہ کشی ہوتی رہی اُس نے ہماری برادری کو کافی نقصان پہنچایا مگر حیدرآباد کی شاخ ہمیشہ ان کے بتائے ہوئے اصول کی وجہ سے امن میں رہی۔ اس زمانے سے اب تک ہماری ایسوسی ایشن کے ممبروں میں صدر اعظم سے لے کر کلرک اور بریگیڈیر سے لے کر سب لیفٹننٹ تک رہے مگر ہنٹر صاحب ہی زندگی بھر سالار کارواں رہے۔ ان کے بعد مسعود علی محوی اور اب نواب ناظر یار جنگ ہم "پیران نابالغ" کی صدا بہار جماعت کی امامت کر رہے ہیں

انگلستان سے واپس آنے کے بعد انہیں سررشتۂ مال میں خدمت ملی۔ انہوں نے طریقۂ کار کو سمجھنے اور گشتیات کے مطالعے میں ایسے انہماک کا اظہار کیا کہ ایک ہی سال میں انہیں زاید مددگار صوبہ دار مقرر کرکے

گلبرگہ بھیج دیا گیا۔ اسی خدمت پر وہ پھر ورنگل منتقل ہوئے۔ پھر بھونگیر دوم تعلقداری پر بھیج دیئے گئے۔ جہاں انہوں نے قصبے کو وسعت دینے اور تجارت بڑھانے میں خاصی کامیابی حاصل کی اور اپنی دیانت اور بے لوثی کا اتنا ثبوت دیا کہ ۱۳۰۷ھ میں انہیں ڈپٹی کمشنری کروڑ گیری کے عہدہ پر جلدہ بلالیا گیا۔ ان کی موجودگی میں جب اس سررشتے کی بہتی گنگا میں ہاتھ دھونا خطرے سے خالی نظر نہ آیا تو صیغہ زراعت و تجارت کو دفتر مالگزاری میں ایک پختہ کار محنتی مددگار کی ضرورت بتلاکر اُن کو وہاں بلالیا گیا ۱۳۱۴ھ میں وہ بیدر کے مستقل تعلقدار ہوئے۔ اس وقت سے اُن کو اپنے جوہر دکھانے اور دل و دماغ کو آزادی کے ساتھ کام کرنے کا موقع ملا۔ انہوں نے بھوکے کاریگروں کو کام پر لگانے کی راہیں نکالیں۔ قلعے کی بوسیدہ عمارتوں کو منہدم ہونے سے بچایا اور گنبدوں تک پہنچنے کے راستے صاف کرائے اُن کی انسانی ہمدردی کے چرچے عام طور سے ہونے لگے۔ اس وقت کی تعلقداری بادشاہی تھی اور محکمہ مال میں ڈنلاپ صاحب کی خدائی اقبال کے اس شاعرانہ تخیل کو

خودی کو کر بلند اتنا کہ ہر تقدیر سے پہلے
خدا بندے سے خود پوچھے بتا تیری رضا کیا ہے

لوگ سراہتے ہیں مگر انہیں کیا معلوم کہ اقبال کے شاعری کے آسمان پر چمکنے سے پہلے اس برباد حیدر آباد کی زمین پر ایک فصیح الدین تھا جس نے اپنے متعلقہ کاروبار میں وہ تبدیلیاں اور ترقیاں دکھائی تھیں کہ افسران بالادست گشتیات اصلاحی جاری کرنے سے قبل اُن کی رائے طلب کرنے لگے تھے۔ انگریز شناسی کی

ترغیب اور انگریز پرستی سے احتراز کی تاکید جو سید احمد خاں ہر نوجوان کو کرتے تھے
اس کو انہوں نے اپنے کردار سے واضح کر دیا۔ ڈنلاپ صاحب ہوں یا صاحب
کروفر سر سیسوں واکر یا میٹھی چھری سر گلانسی۔ ان میں سے کسی کے در پر
نہ تو رفعت یار جنگ نے اپنی پیشانی رگڑی اور نہ سرکشانہ روش اختیار کی اپنی
ساری عمر میں نہ کسی سے دوستی کے پینگ بڑھائے اور نہ کسی کو اپنا دشمن بننے
کا موقع دیا۔ نہ کسی کے منہ پر تعریف کی نہ پیٹھ پیچھے کسی کی غیبت۔ نہ انہیں
اپنے ماتحتوں کی خوشامد پسند آئی اور نہ کسی اپنے جونیر عہدیدار کی خود اعتمادی
اور خودداری پر آنکھ بھوں چڑھائی۔ اس کے باوجود ان میں حلم بھی تھا اور مروت
بھی۔ دیکھنے میں تو وہ ایک پتھر کی مورت تھے مگر ان کا من موم کا تھا۔ ان کو
خوشی اور رنج دونوں کا احساس تھا مگر خود پر اتنا قابو تھا کہ وہ اس کا اظہار
ہونے نہیں دیتے تھے۔ ان کی خیرات و مراعات کا بھی موقع محل تھا۔ عزیز ہوں یا
غیر مالی امداد سے اہل ضرورت کو محروم نہ رکھتے تھے۔ وہ دولت کے صحیح مصرف
سے واقف تھے۔ تعلیمی اور معاشرتی اصلاحیں جو انہوں نے بیدر میں کیں
وہ نلگنڈہ۔ ورنگل اور نظام آباد جہاں جہاں ان کا تبادلہ ہوا بڑھتی ہی گئیں
انہوں نے ہر جگہ اپنے جانشینوں کے لیے مثالی زندگی کا نمونہ چھوڑا۔ ۱۳۲۸ف میں
اورنگ آباد کا صوبہ ان کے سپرد کر دیا گیا جو شان و شکوہ کا مسکن سمجھا جاتا تھا
ایوان صوبہ داری پر پرچم لہلہاتا تھا۔ نوبت خانہ تھا مگر ان کی شخصیت اور
روز مرہ زندگی میں کوئی تغیر واقع نہیں ہوا۔ تیس سالہ مدت ملازمت ختم کر کے
وہ نظامت عطیات سے وظیفہ حسن خدمت پر علیحدہ ہوئے۔

مدت العمر ان کی غیرت و حیا کا یہ عالم رہا کہ اُن سے قریب سے قریب رہنے بسنے والوں نے کبھی ان کو بلا شیروانی کرتے پائجامہ میں تو کیا ننگے سر بھی نہیں دیکھا۔ وہ پرانے آداب مشرقی کا اصل نمونہ تھے۔ باوجود اس کے کہ وہ یورپ جوان بھی نہیں ہوئے تھے کہ انگلستان گئے مغربی تعلیم اور نئے فلسفے سے واقف بھی ہوئے مگر انگریزی کھوکلی معاشرت کا ان پر بالکل اثر نہیں پڑا۔ اصولوں اور وضع کے خواہ ان کے مقرر کردہ ہوں یا روایاتِ خاندانی کے مطابق وہ ہمیشہ پابند رہے۔ ان کے خاندان کی حکومت سے وابستگی کئی پشتوں سے چلی آرہی تھی آصفی حکومت نے اُن کے مورث اعلیٰ کو اسی غرض سے دہلی سے دکن میں بُلایا تھا۔ کونسی قوم ہے جو اپنی قدامت پر ناز نہیں کرتی اور کونسا فرد ہے جو اپنی نسل اور خاندان پر فخر نہیں کرتا۔ رفعت یار جنگ اُن اِنے گنے افراد سے تھے جو اگر خود خاندانی روایات و کردار کے حامل نہ ہوں تو خاندانی شرف خود انہیں اپنی نگاہوں میں ذلیل کر دیتا ہے۔ ایسی عزت کے جو بزرگوں سے تو ترکے میں ملے مگر آئندہ نسل کے لیے نہ چھوڑی جاسکے۔ وہ قائل نہ تھے! اگر خود میں حسن سیرت نہ ہو تو حسب و نسب کوئی معنی نہیں رکھتا۔ شادی و بیاہ کے معاملے میں بھی انہوں نے دولت و ثروت، جاگیر و منصب پر نسل اور سیرت ہی کو مقدم رکھا اور اپنی بچیوں کی شادی اونچے گھرانوں میں نہیں کی۔ یہ اُن کی بچیوں کی قسمت تھی کہ میر باسط علی اور ڈاکٹر محی الدین قادری زور کی ماہانہ تنخواہ کا چیک چار ہندسوں میں لکھا جانے لگا۔

ارسطو نے کہا تھا کہ تمام قوموں میں نسلی فوقیت کی بڑی قدر کی جاتی

ہے اور توقع کی جاتی ہے کہ قابل احترام لوگوں کی اولاد واحفاد اپنا اسلافی جوہر باقی رکھیں گے۔ کاش! ایسا ہوتا رہے! کم سے کم آنے والی نسلوں میں اپنے بزرگوں کی ایک دو خوبیاں ہی رہ جائیں تو غنیمت ہے۔

نوابؒ سالار جنگؒ

میر تراب علی خاں سر سالار جنگ اولؒ سے لے کر ان کے پوتے میر یوسف علی خاں تک حالات تیزی کے ساتھ بدلے۔ جس کا اس خاندان کو بھی مقابلہ کرنا پڑا۔ ان تغیرات و حوادث کی منزلیں مقرر کی جاسکتی ہیں۔ مگر وہ سب کڑیاں جو میر یوسف علی خاں غیر طبعی زود حسی اور گھبرا جانے کا سبب بنیں نظر نہیں آسکتیں۔ زمانے کی طرح فطرت نے بھی ان کا پورا پورا ساتھ نہیں دیا۔ دادا کی جاگیر، مال و متاع اور خطاب یہ سب تو ملا۔ لیکن اسلاف کی بڑی خوبی سے جس کو انگریزی میں (Iron Nerves) یعنی فولادی اعصاب کہتے ہیں محروم رہے۔ ۱۸۶۶ء میں سرکار انگریزی نے دیسی ریاستوں میں اپنے مرضی کے موافق دیوان رکھنے کے اصول کو ختم کر دیا تھا۔ ان کے والد مرحوم کو رئیس وقت کی مرضی کے خلاف وزارت پر رکھنے کی حمایت تو کی لیکن پھر سالار جنگ ثانی کی علیحدگی پر راضی ہو جانا ہی قرین مصلحت دیکھا۔ قلمدان وزارت کے چھن جانے کے دو سال کے اندر باہر سالار جنگ ثانی کی پونہ میں موت جاگیردارانہ نظام کے المیے کا ایک حیرتناک باب ہے۔ یوسف علی خاں ۱۴؍ شوال ۱۳۰۶ھ پونہ میں پیدا ہوئے۔ شفقتِ پدری تو انہیں نصیب ہی نہ ہوئی۔

نواب آسمان جاہ کی وزارت کے ارباب حل و عقد کی روش نے اپنوں کو بھی بیگانہ بنادیا۔ ان کی جاگیر پر للچائی ہوئی نظریں پڑنے لگیں۔ ایک ان کا ماموں سید عبدالرحمن ابوتراب ان کے حقوق و جائداد کے لیے لڑتا رہا۔ اگر غفران مکان ان کے معاملے میں دلچسپی نہ لیتے تو یوسف علی خاں کہیں کے نہ رہے تھے۔ بیچ والوں کے لگاؤ بجھاؤ نے ماں بیٹوں میں بھی اختلاف کا بیج بو کر انہیں مہر مادری سے بھی پوری طرح مستفید نہ ہونے دیا۔ ان کے بچپن اور شباب کے زمانے میں سب کچھ تھا جو دولت و ثروت مہیا کرسکتی ہے مگر کوئی ایسا بزرگ نہ تھا جو ان کو ایسے راستہ پر پڑتے ہی سختی سے روکے جو موقتی لطف و مسرت کی ہولناکیوں کی طرف جاتا ہے۔

سر سالار جنگ کے بعد ہی نئی تہذیب نے اس دیوڑھی میں سے مسند و تکیہ دسترخوان اٹھوادیا تھا وہاں تو اکل و شرب میں بھی مغربیت داخل ہوتی جارہی تھی پرانے لوازمات اور چہل پہل محض پرانی امارت کے اوپری خول تھے۔ شخصیتیں حال سے متاثر ہوچکی تھیں۔ باوجود وراثت کے جھگڑوں کے وہ امیرانہ زندگی کی بے فکریوں میں اپنی عمر کی ابتدائی منزلیں طے کر رہے تھے۔ انہوں نے نظام کالج میں تعلیم پائی۔ پبلک اسکول میں داخلے کے بعد بڑے گھرانے کے لڑکے کو کتنا ہی دیگر طلباء سے الگ تھلگ رکھنے کی کوشش کی جائے مگر ممکن نہیں کہ وہ مدرسہ کے سینکڑوں طلباء کو نہ دیکھے اور کلاس میں ساتھ نہ بیٹھے۔ مدرسہ کا ماحول ایک خاص غیر شعوری اثر دل و دماغ پر ڈالتا ہے۔ جاگیرداری غرور و نخوت اگر ختم نہ بھی ہو تو اس پر ایک کاری ضرب ضرور پڑتی ہے اور

نظر میں وسعت پیدا ہو جاتی ہے۔ یوسف علی خاں کو اعلیٰ امتحان پاس کرنے سے پہلے ہی تعلیم ختم کرنا پڑی مگر اوسط درجے کے بچوں کی خوبو۔ ان کے احساسات اور مشکلات سے ضرور واقف ہو گئے۔ اپنے اس زمانے کے ساتھیوں کو وہ ہمیشہ خلوص و محبت سے یاد کرتے رہے۔ حضرت غفران مکان نے انہیں ۱۷؍ جمادی الاول سنہ ۱۳۲۵ھ کو ان کے موروثی خطاب سالار جنگ سے سرفراز کر دیا۔ موجودہ نظام نے ربیع الاول سنہ ۱۲۳۰ھ میں اسٹیٹ پر سے سرکاری نگرانی برخواست کر کے جاگیر میں نظم و نسق کے کامل اقتدارات عطا کر دیئے اور جب سنہ ۱۳۳۰ھ میں قلمدان وزارت بھی ان کے حوالے کر دیا۔ اور وہ اس بڑی ریاست کے مدار المہام ہوئے۔ اس وقت ان کی عمر پوری بیس سال کی بھی نہ تھی۔ انگلستان ایسے ترقی یافتہ ملک میں صرف ولیم پٹ کی ایک مثال ہے جو اتنی کم عمری میں وزیر بنا۔ سالار جنگ کے ایک مداح نے اس موقعہ پر کہا کہ :-

"و زلیخا بن کے دیوانی میرے یوسف کے گھر آئی"

ڈھائی سال ہی میں اس زلیخا نے دیکھا کہ دیوانی اور جوانی ایک ساتھ نہیں چل سکتی تو وہ اس ڈیوڑھی سے نکل گئی۔ اس وقت سے پھر ایسے مداوا کا سایہ بھی دیوان ڈیوڑھی میں نظر نہیں آیا۔ یہ کوئی نئی بات نہ تھی، جاگیردارانہ نظام کے درس اخلاقیات کا یہ نمونہ چندولال کی ڈیوڑھی سے لیکر علی امام کی رہائش گاہ تک نظر آتا رہا ہے۔ اس علیحدگی نے ان کی آنکھیں کھول دیں۔ اور انہوں نے اپنا طرز روش بڑی حد تک متوسطانہ کر لی۔ وقت کی آواز

ان کے کان میں پڑنا شروع ہوئی۔ انگلستان کے سفر کے بعد انہوں نے اس خلیج کو پاٹنا چاہا جو ان کے اور عام انسان کے درمیان تھی مگر وہ پاٹ نہ سکے۔ ان پر مذہب کا رنگ بھی چڑھا اور رمضان کے پورے روزے رکھنا شروع کئے اور ماہ عزاء کا احترام سختی سے کیا۔ انہوں نے فلاحی کاموں میں دلچسپی لینا شروع کی۔ مسلم یونیورسٹی کو ایک لاکھ روپیہ کا گراں قدر عطیہ دیا اور دوسرے اداروں کی بھی مدد کرتے رہے۔ وہ کام کے بڑے بڑے منصوبے باندھتے تھے مگر یکایک پیچھے ہٹ جاتے تھے۔ چونکہ خود ان میں خود اعتمادی کی کمی تھی۔ اس لیے دوسروں پر پورا پورا اعتماد کرنے جھجکتے تھے۔ اپنے تلخ تجربوں کی بناء پر ایک حد تک ان کا یہ عمل ٹھیک بھی تھا۔ چونکہ خود بے غرضانہ محبت سے محروم رہے تھے۔ اس لیے وہ عمر بھر کسی سے محبت نہ کر سکے۔ وہ اس کمزوری کو چھپاتے بھی تھے، اس پر غالب آنا بھی چاہتے تھے۔ مگر غالب نہ آسکے۔ تلون مزاجی کے بجائے اگر ان کے عزم میں استقامت ہوتی تو وہ اپنے زمانے کے بڑے آدمیوں میں سے ہوتے۔ انہوں نے یورپ کی خوشحالی اور ممالک اسلامیہ کی زبوں حالی کا چشم دید مشاہدہ کر کے کچھ سیکھا تھا۔ انہوں نے اپنے عزیزوں اور غیروں کو اعلیٰ تعلیم دلانے کی پوری کوشش کی۔ ان کو اس کا افسوس رہا کہ ان میں سے اعلیٰ تعلیم پاکر کوئی ایسا نہ نکلا جو نمایاں مقام حاصل کرتا۔ انہوں نے اپنی جاگیر میں تعلیمی امداد فراخ دلی سے کی اور متعدد مدرسے کھلوائے۔

واقعات حاضرہ کا اخبارات کے ذریعہ وہ بلاناغہ مطالعہ کرتے تھے۔ ہر مکتب خیال کے لوگوں سے پرائیویٹ گفتگو کرتے۔ سری کشن بھی ان کے یہاں آتے جاتے۔

اور بہادر یار جنگ بھی۔ وہ کھلم کھلا اظہار رائے کرتے۔ "دیوار ہم گوش دارد" کے توہمات میں ایسی بری طرح گھر جاتے تھے کہ ایک دم کی خاموشی پر اُن کا مخاطب حیران رہ جاتا۔ مولانا محمد علی ایک مرتبہ حیدر آباد آئے ہوئے تھے۔ میں نے نواب صاحب سے کہا کہ وہ آپ کے نوادر دیکھنے سے زیادہ آپ سے ملنے کے مشتاق ہیں۔ نواب صاحب نے انہیں لنچ پر مدعو کیا۔ نواب صاحب نے اُن سے فوراً بیرونی ممالک اور ہندوستانی پریس پر جو گفتگو کی اُس سے مولانا نے متاثر ہو کر کہا کہ میں بدقسمتی سے دیسی ریاست میں پیدا ہوا ہوں۔ نواب صاحب نے بے ساختہ کہا کہ میں آپ سے زیادہ بدقسمت ہوں کہ جاگیردار بھی ہوں اور پھر ایک دم سے ٹاپک (TOPIC) بدل دیا اور علی گڑھ کی کرکٹ کا جس کا اعزازی طور پر "کلر" یعنی مخصوص دھاریوں کا کوٹ ملا تھا تذکرہ شروع کر دیا۔ ماہر نفسیات کے لیے وہ ایک متضاد خصوصیتوں کا نمونہ تھے۔ ان میں ایسی خوبیاں بھی تھیں جن سے امراء اکثر محروم رہتے تھے۔ انہوں نے کبھی اپنی ذاتی ضروریات کے لیے قرضہ نہیں کیا انہیں کسی چیز میں اگر کوئی کشش نظر آتی تو وہ اُس کے حصول کے بعد فوراً ہی ختم ہو جاتی وہ نوادر خرید تے اور بند کر کے رکھ دیتے جو چیز اُن کی نظر میں چڑھ جاتی اُس کے لیے بیتاب رہتے مگر منہ مانگے اناپ شناپ دام دے کر فوراً ہی انہیں خرید لیا کرتے۔ پرانی اشیاء دیکھنے کے لیے کہ کوئی نئی چیز تو نہیں آگئی روزانہ سکندر آباد میں جو ایسی دو چار دکانیں تھیں بلا ناغہ جاتے اور یہ ان کے وقت کاٹنے کا ایک بڑا مشغلہ بھی تھا۔ انہیں جواہر، کتابیں، تصویریں اور چینی سب کی پرکھ تھی۔ وہ کتابت دیکھ کر بتلا دیتے تھے کہ لکھنے والا

کون ہے۔ جو نوادر انہوں نے جمع کیئے وہ برسوں کی محنت اور جستجو کا نتیجہ ہیں۔ میوزیم بنانے کی انہیں رہ رہ کر دھن اٹھتی۔ سرور نگر۔ مولا علی کے قریب زمین دیکھی جاتی۔ دوسروں کو لے جاکر دکھاتے۔ نقشے تیار ہوتے۔ سید علی رضا۔ پدما بھوشن، زین یار جنگ سے ہفتوں مشورے ہوتے۔ علی نواز جنگ سے بھی بات چیت ہوتی اور ملتوی ہو جاتی۔ یہ آرزو اُن کی ان کے مرنے کے بعد پوری ہوئی اور جہاں وہ رہتے تھے وہی بڑی عمارت اب میوزیم بنادی گئی۔

ان کا دسترخوان بہت وسیع تھا اور عمدہ عمدہ کھانے پکتے تھے۔ وہ عموماً اپنے احباب کو وہ کسی مرتبے کے کیوں نہ ہوں لنچ پر مدعو کرتے تھے۔ ڈنر کبھی شاذ ہی دیتے۔ البتہ اپنے بے تکلف احباب کو ڈنر پر ساتھ بٹھا لیتے اور جب کوئی بے تکلف دوست باہر سے آتے تو اس کو مدعو کرتے۔ ایسے موقعوں پر ناچ گانا بھی ہو جاتا۔ وہ ہفتے میں دو دفعہ جاگیرات کے مقدمات کی سماعت کرتے۔ اس کے لیے عموماً سہ پہر کا وقت مقرر ہوتا۔ بحث سماعت کر کے اُسی وقت فیصلہ کر دیتے۔ نواب صاحب مرحوم کو تجارت سے بھی لگاؤ تھا اور وہ کئی کمپنیوں کے ڈائرکٹر تھے اور اپنی خود رائے بھی رکھتے تھے۔ وہ بڑے پایہ کے فریمیسن تھے۔ انہوں نے وہ تمام ڈگریاں جو ہندوستان میں انگلستان اور اسکاٹ لینڈ کے لاجوں کے تحت دی جاسکتی ہیں حاصل کی تھیں۔ وہ لاج میں اپنی زندگی کی رسوم کی ادائی بلا کتاب کی مدد کے کرتے تھے اور اس کے اُصولوں کے پابند تھے۔ اگرچہ وہ جورو بچوں کے جھمیلے میں کبھی نہیں پڑے۔ انہیں بچوں سے بہت محبت تھی۔ انہیں ناتے رشتے کے جھگڑے چکانے میں بھی بڑا مزا آتا تھا اور اپنے متوسلین کی شادی بیاہ کرانے

میں بھی حصہ لیتے تھے اور مالی مدد کرتے تھے۔ اہل حاجت کی دس پانچ درخواستیں اُن کے پاس روزانہ پیش ہوتیں اور وہ کچھ نہ کچھ ضرور دیتے۔ قومی اور پولیٹیکل اداروں کی بھی اکثر ضروریات ان سے پوری ہوتیں۔ وہ نئی روشنی کے بڑے دلدادہ تھے اور انگریزوں سے بھی خاص تعلقات رکھتے تھے۔ بلکہ ان کا زیادہ وقت بھی اُنہیں میں اور نئے تہذیب کے پڑھے لکھے ہندوستانیوں میں صرف ہوتا۔ افسوس ہے کہ ان کے آخری چند سال بڑی بے لطفی سے گزرے۔ ان کے ساتھ سالار جنگ کی اولاد ذکور ہی کا خاتمہ نہیں ہو گیا بلکہ انہوں نے بستر علالت پر سے اس ریاست کو ختم ہوتے بھی دیکھ لیا جس کی خدمت ان کے بزرگ پشتوں سے کرتے ہوئے چلے آرہے تھے۔ اُن کی روح ضرور خوش ہوتی ہوگی کہ اُن کے بعد قوم اور ملک ان کی میوزیم میں جاکر ان کی جمع کردہ نوادر کو دیکھ کر انہیں خراج تحسین پیش کرتی رہتی ہے۔

سروجنی دیوی

کانگریس کی مایہ ناز سروجنی دیوی کے جنم بھوم حیدرآباد میں کانگریسیوں کے سالانہ اجتماع کے موقع پر اُن کے سامنے اس شہرۂ آفاق دیوی کے سیاسی کارنامے گِنانا ایک یوں ہی سی بات ہوگی۔ نان کاپریشن کے زمانے سے لے کر لکھنو کے گورنمنٹ ہاؤس میں اس دنیا کو خیرباد کہنے تک جو کچھ انہوں نے کیا اور مصائب کا جس مسکراہٹ کے ساتھ مقابلہ کیا اُس سے گولکنڈہ کے میدان میں بنائے ہوئے خوشنما منڈپ کی شہ نشین پر بیٹھنے والے تو خوب واقف ہی ہیں۔ عوام بھی ناواقف نہیں۔ گولکنڈہ کا یہ تاریخی میدان ایک سے زیادہ اہمیت رکھتا ہے۔ قطب شاہی بادشاہت ختم کرنے اور مغلیہ شہنشاہیت کا پایہ دکن میں مضبوط کرنے کی خواہش میں اورنگ زیب نے اسی مقام پر ڈیرے ڈالے تھے جو عوام کے لیے اس جمہوریت کے زمانے میں صرف حکومتی خاندان کی تبدیلی، دکنی اور شمالی کلچر کے تصادم جس سے ایک نیا کلچر جس کو آج کل حیدرآبادی یا مغلیہ کلچر کی یادگار کہا جاتا ہے۔ کوئی اور کشش نہیں رکھتا۔ البتہ مغلیہ فاتحانہ ڈیروں کی جگہ آج کا کانگریسی پڑاؤ ایسدو یاس کی بڑی کشمکش کا مرکز بنا ہوا ہے۔ جمہوریت کا تقاضا ہے کہ سامراجیت

کی بوسیدہ لاش ہمیشہ ہمیشہ کے لیے دفن کر دی جائے تاکہ جمہوریت کے جھنڈے کی ہوا جاگیر دارانہ نظام کی خس و خاک کو اُڑا کر عوام میں صحیح آزادی کی رُوح پھونک دے۔ ٹاؤن نگر کی رونق و جگمگ عارضی عمارتوں میں بیٹھ کر باہر سے آنے والے سیاسی ذہنیت کے تحت یہ معلوم کرنے کی کوشش کریں گے کہ اورنگ زیب کا شاہی خیمہ کہاں نصب ہوا تھا اور ٹنڈن جی ایسے روحانیت کے دلدادہ۔ اس کا کھوج نکالنا چاہیں گے کہ وہ فقیر جس کی کٹیا کا دیا تند اور تیز جھونکوں اور بارود کی گندہ تاریکی میں جلتا ہی رہا۔ کہاں سے اس فوج فاتح میں روحانی قوت کا مظاہرہ کرنے کے لیے آگیا تھا۔ مادیت پرست اس ہیرے کا تذکرہ کریں گے جو جگہ بدلتا بدلتا تاج برطانیہ کی زینت بنا۔ آئیے ہم سیاست سے ہٹ کر اس بیش بہا انمول ہیرے کے کچھ حالات بتائیں جو سوسائٹی، ادب اور سیاست کے وہ نقوش چھوڑ گئی ہے جو نہ تو پتھر پر کے نقوش کی طرح رگڑ سے مٹ جائیں نہ تانبے پر کے ابھاروں کی طرح چند صدیوں بعد برابر ہو جائیں گے۔ جب تک انسان کے دل و دماغ میں فکر و غور کی قوت باقی رہے گی، جب تک شعر و ترنم میں جاذبیت رہے گی۔ سروجنی نائیڈو کے انسانی ذہنیت پر پیدا کردہ نقوش ابھرے رہیں گے اور آنے والا زمانہ ان کی رُوح کو خراج عقیدت پیش کرتا رہے گا۔

اس میدان سے چند میل دور شہر حیدرآباد کے محلہ کنٹمنڈی میں جو تقریباً اس گلی کے سامنے ہی تھا جہاں "سیاست" اخبار کا دفتر ہے۔ ایک آزاد خیال قابل برہمن کے رجن کو حیدرآبادی آج تک احترام سے یاد کرتے ہیں، گھر میں اس لڑکی نے جنم لیا جو آسمان فصاحت و سیاست پر زہرہ بن کر چمکی۔ سروجنی دیوی

میں باپ ماں کی خوبیاں فطرتاً آئیں لیکن ان کی اکتسابی خوبیاں کہیں زیادہ ہوتی
گئیں کہا جاتا ہے کہ ماحول کا ذہنیت پر بہت اثر پڑتا ہے لیکن ہم نے تو یہ
دیکھا ہے کہ ڈاکٹر اگھور ناتھ چٹوپادھیا کے گھر کے ماحول نے حیدرآباد کے ماحول کا اثر لینے
کے بجائے حیدرآباد کے ماحول ہی کو بدل دیا۔ مرحوم نباتیات سے بڑی دلچسپی رکھتے تھے اور
اپنے فرصت کے وقت میں جو دن رات میں دو تین گھنٹوں سے زیادہ نہ ہو گلابوں کی پرداخت
کرتے۔ ایک قسم کے گلاب پر کئی قلمیں باندھتے۔ مخلوط رنگوں میں ہم آہنگی پیدا کرنا
سروجنی دیوی کو ورثہ میں ملا۔ اور انہوں نے اس میں ید طولیٰ حاصل کرلیا۔ بڑی
سے بڑی سوسائٹی کے صنف نازک ان کی تقلید کرتے۔ عادیت سے ہٹ کر ان
کا یہ کمال حقیقت کی دنیا میں بھی نظر آئے گا۔ مختلف الخیال لوگوں کو آپس میں
ملانا ان کا آئے دن کا مشغلہ تھا۔ ان کے اس کمال نے کانگریس ورکنگ کمیٹی
کی کشتی کو اکثر پاش پاش ہونے سے بچایا۔

انہوں نے جس گھر میں آنکھ کھولی اس کے ماحول اور ان کے والدین کی
اعلیٰ شخصیت کو سمجھنے کے لیئے اس زمانے کو نہ بھولنا چاہیئے جو اس وقت تھا۔
یہ وہ زمانہ تھا جب برطانیہ کے نمائندہ صاحب عالیشان بہادر کے زیر نظر دیسی
ریاستوں کی مطلق العنانیت معراج پر تھی۔ امرائے عظام، جاگیرداران بلند مقام
کے بعد سب اراذل و انفراد سمجھے جاتے تھے اور مڈل کلاس تو عاشق کی صبر و
شکیب کی طرح غائب تھی۔ انسانیت پر غرور و نخوت و نزاکت کا بھوت سوار تھا
سالار جنگ جیسے بڑے خیالات تھے اور انہوں نے باہر سے ایسے لوگوں کو جمع
کرنا شروع کیا جو آنے والے زمانے کے قابل حیدرآباد کو بنا سکے انہیں میں سے

ایک ڈاکٹر صاحب مرحوم بھی تھے علم و فضل نے ان کی بہ نسبت پر کم ذات
والوں کی امداد کے جذبہ کو ساطع کر دیا تھا۔ ان کا گھر غریبوں د بے مایہ کے لیے
کھلا تھا۔ وہ بڑوں کے ہاں جاتے تو محض اس لیے کہ بے روزگاروں کو روزگار
سے لگا سکیں۔ ان کی زندگی کا یہ پرتو اُن کی نواسی پدمجا نائیڈو میں بہت
نمایاں ہے۔ سروجنی دیوی نے بارہ برس کی عمر میں میٹرک پاس کر لیا۔ اسی
زمانہ میں عماد الملک مرحوم کی کوششوں سے مڈل تک ایک زنانہ اسکول قائم
ہوا جس کی پرنسپل مس اِنشن ڈے تھیں۔ سروجنی دیوی اسی اسکول میں آیا
کرتی تھیں جہاں ان کی عمر سے کہیں زیادہ بیاہی اور ان بیاہی دونوں لڑکیاں
تھیں۔ یہیں سے انہیں پردے میں بیٹھنے والی بیویوں کے ساتھ ہمدردی پیدا
ہوئی اور ان کی حالت کو سدھارنے کا کام شروع کیا۔ آج حیدرآباد جس
قدر تعلیم میں خصوصاً لڑکیوں کی تعلیم میں پیش پیش ہے اُس کا سہرا سروجنی دیوی
اور ان کی دوسری سہیلیوں کے سر ہے جن میں معصومہ بیگم صاحبہ ایم ایل اے
کی والدہ مرحوم ایک خاص مقام رکھتی ہیں۔ نسوانی تعلیم کا مسئلہ ایسا نہیں ہے
جس میں سروجنی دیوی کا اثر نمایاں نہ نظر آئے۔ یہ ناممکن تھا کہ کسی ہندو یا
مسلمان گھرانے میں شادی اور غمی ان کی حیدرآباد کی موجودگی میں ہو اور وہ
اس میں پیش پیش نظر نہ آئیں۔ جب وہ انگلستان گئیں تو وہاں بھی اپنا نہ برو ست
اثر چھوڑ کر آئیں۔ آج نہیں بلکہ پہلی عالمگیری جنگ سے قبل جب ہندوستان کتنا ہی لائق اور
قابل ہو کر ہندوستانی ہی رہتا تھا لیکن ان کی خوش گوئی، خوش کلامی، خوش پوشاکی
خوش رنگی اور خوش خوراکی نے ان کے لیے Lyceum Club جو

عورتوں کا ایک ممتاز کلب لندن میں تھا چشم براہ رہتا تھا اور جب وہ لندن جاتی
وہیں ٹھیرتی تھیں۔ آسکر وائلڈ کا زبردست دوست اور مداح رابرٹ راس ان
کی دماغی صلاحیتوں کا قائل تھا۔ اس صدی کے ابتدائی دور کی انگلستان کی عالمانہ
شخصیتیں ایڈمنڈ گوز، آرتھر سیمنس وغیرہ ان کے دوستوں میں تھے۔ ان کے اثرات
کی وجہ سے حیدرآباد کے طلباء کو انگلستان میں بہت سی سہولتیں حاصل ہوئیں
وہ ہر نوجوان کو یہ محسوس کرادیتی تھیں کہ طالب علمانہ زندگی کا زمانہ حقیقی زندگی
کی کارآموزی کا زمانہ ہے۔ اس زمانہ میں ناعاقبت اندیش یا وہ گوئی بیوقوفانہ
خودنمائی اور بے نتیجہ تجسس سے بچ کر کہاں گیا اور کب۔ کیوں۔ کس طرح اور
کون کا۔ تاریخی کھوج لگانے کی عادت سے حال کا گہرا مطالعہ اور مستقبل کی
درستگی ہوسکتی ہے۔ رعایت لفظی ان کے جملوں میں انوکھی موسیقی پیدا کردیتی تھی
ان کے انگریزی لطیفوں کو اردو میں بیان کرنا مشکل ہے۔ سنہ ۱۹۱۳ء میں جب وہ
انگلستان گئیں تو انہوں نے گوکھلے اور مسٹر محمد علی جناح کے ساتھ مل کر لندن انڈین
ایسوسی ایشن بنائی جو ہندوستانی طلباء کو ایک ساتھ جمع کرسکے۔ ان کو پوت
کے پیر پالنے میں نظر آجاتے تھے۔ وہ تھوڑے ہی عرصہ میں پہچان لیتی تھیں کہ کس
میں آگے بڑھنے کی صلاحیت ہے۔ اس ایسوسی ایشن کو لے لیجئے۔ اس کے پہلے
صدر جیوراج مہتا ہوئے جو آج ڈاکٹر جیوراج مہتا بمبئی کے فینانس منسٹر ہیں۔
دوسرے صدر ڈاکٹر سید حسین تھے۔ جن کی تحریر و تقریر کا لوہا بڑے بڑے ایڈیٹر اور
مقرر مان گئے۔ تیسرے خود ہمارے اعظم جنگ ہیں جو بوڑھے ہوکر خدمت سے
علیحدہ ہوچکے ہیں مگر یہ ابھی جواں سال جوان بخت یار ہے۔ اس کارٹون کے

مدر اعظم ہیں ایک عامیانہ مسل ہے کہ گھر کی مرغی دال برابر ! ایک بڑی مدت تک یہ
مسل اُن کی شاعری پر صادق آتی ہے ۔ ان کی شاعری کی حقیقی قدر انگریز ادیبوں
نے پہچانی اور اس عندلیب ہند کے نغموں نے انگلستان کے گلستانوں میں تہلکہ
مچادیا اور وہ راہیں کھولدیں جس سے ہندوستانی سیاسی لیڈروں نے بہت کچھ راستہ
اپنے کام کے لیے یوروپ اور امریکہ میں ہموار پایا ۔ یہ ہی اسوسی ایشن تھی جو
دبی ۔ کے معینین کے ہاتھوں ایک خاص سیاسی اہمیت رکھنے والی انجمن بن گئی ۔
سوشل پولٹیکل اور ادبی انہماک رکھنے والے ایسے نوجوان ان پر اس طرح ٹوٹتے
تھے کہ جیسے چاند پر چکور ۔ ان کی صحبت سونے پر سہاگہ کا کام دیتی تھی ۔ وہ نوجوان
میں اچھا کردار ، اچھا عمل ہی نہیں بلکہ سخت محنت کا جذبہ ابھارتی تھیں ایک طرف
تو وہ تجربہ کار باراں دیدہ شخصیت پسند لیڈروں سے یہ کہتی تھیں کہ دیکھو نوجوان کا ذہن کارتوس
یعنے بغیر دھوئیں والی بارود ہوتا ہے لیکن ہوا میں بالکل بے ضرر ۔ لیکن جس طرح
کارڈائٹ محصور اور محدود ہوکر بڑے سخت دھماکہ والی شئے ہو جاتی ہے ۔ اسی
طرح نوجوان بھی اس کی قوت عمل کو مجروح اور ذہنیت کو مفلوج نہ کرو ۔ دوسری
طرف وہ نوجوانوں سے کہتی تھیں کہ جو کچھ تم مانگو متقبل نہیں دینے کو تیار ہے ۔
بشرطیکہ کھلے الفاظ میں مانگا جائے اور متواتر مانگا جائے لیکن یہ یاد رکھو کہ
گولی چلانے والا غازی نہیں بنجاتا نہ گولی کھاکر شہید کا مرتبہ پاتا ہے بلکہ مقصد
کی پاکیزگی غازی اور شہید بناتی ہے ۔

آج کل کے نوجوان سمجھ ہی نہیں سکتے کہ آج سے تیس برس پہلے کا حیدرآباد
کیا تھا ۔ ڈر و خوف کی ادنیٰ سی کیفیت یہ ہے کہ ہر وہ شخص جس کو آپ نہ جانتے

ہو ورنہ خفیہ پولیس کا ملازم یا کوتوال شہر کا خاص جاسوس سمجھا جاتا تھا۔ زبان بندی
کا حکم ایک مرتبہ قائد اعظم جو اس زمانے میں محض مسٹر محمد علی جناح تھے ان تک کو
اسٹیشن پر اترتے ہی پہنچا دیا گیا تھا۔ اس زمانہ میں بھی گولڈن تھریش ہولڈ ہر مکتب
خیال کے لوگوں کے لیے تھا اور مسز سروجنی نائیڈو کی آمد و رفت کنگ کوٹھی سے
لے کر امراء غریب سب کے گھر تک تھی۔ وہ جب حیدرآباد آتی تھیں تو حضور
نظام سے ضرور ملتیں اور گھنٹوں گفتگو رہتی۔ ہر سوسائٹی کے بعض خاص رسم و
رواج ہوا کرتے ہیں جس کا مفہوم بہتر طریقے پر انگریزی زبان کے لفظ کنونشن
سے ادا ہوتا ہے۔ دربار شاہی میں چند اکابرین سلطنت کو چھوڑ کر بادشاہ صیغۂ
واحد حاضر میں مخاطب کرتا ہے لیکن سرکار جن کو اس طرح مخاطب نہیں کرنا چاہیے
ان سے انگریزی میں گفتگو کرنا اکثر پسند فرماتے ہیں۔ مسز نائیڈو سے بھی انگریزی
میں گفتگو ہوتی تھی اور سرکار کو یہ نہیں معلوم تھا کہ اردو بھی انگریزی کی طرح مرحومہ
کی لونڈی ہے۔ شاعری کا ذکر کرتے ہوئے فرمانے لگے۔ تم اردو سمجھتی ہونا،
انہوں نے برجستہ کہا کہ لکھنؤ کی زبان بولتی بھی ہوں اور سمجھ بھی لیتی ہوں۔
شاعری کے تذکرہ کے بعد جب سیاست نے ہندوستان میں پلٹا لیا تو مرحومہ
بعض امور ریاست پر بھی گفتگو ہونے لگی۔ اگر ہندوستان کی سیاسی مصروفیات
مرحومہ کو حیدرآباد میں رہنے کی اجازت دیتیں تو حیدرآباد کو وہ روز دیکھنا پڑتا
جو سنہ ۱۹۴۷ء اور اس کے بعد دیکھا۔ حیدرآباد میں مرحومہ کے آتے ہی ان کا مکان
مختلف مصروفیات کا مقام بن جاتا۔ اور ادیب و سیاسی دیوانے، ملازم سرکار
وغیر ملازم سب ہی قسم کے لوگ وہاں پہنچتے۔ مرحومہ کے کان صرف زبان ہی نہیں

بلکہ آہٹ پہچانتے تھے اور حافظہ اتنا قوی تھا کہ آدھا برآمدہ آنے والا طے نہیں کر پایا تھا کہ وہ اس کا نام پکار کر کہتیں کہ آؤ۔ جس سے خلوص و محبت ہوتا۔ اس کو پیار میں صیغہ واحد حاضر میں پکارتیں۔

یہ بہت کم لوگوں کو معلوم ہوگا کہ ادب و سیاست کے ساتھ ساتھ انہیں دیگر مذاہب کے فقہ و دینیات سے بھی دلچسپی تھی۔ اور ہر مذہب کے مسئلہ مسائل کو سمجھتی تھیں۔ مجھے اس کا علم بڑے اچنبے کے طور پر پہلی مرتبہ قائد اعظم کی شادی کے زمانہ میں بمبئی میں ہوا۔ حیدرآباد کے بعض نوجوانوں کو ان کی وہ تقریر یاد ہوگی جو اعظم جنگ بہادر کے زمانۂ وائس چانسلری میں مرحومہ نے یونیورسٹی میں میلادالنبیؐ کے موقع پر ان کے اصرار پر برجستہ کرنی شروع کردی۔ جس میں قرآن کی آیتوں کا لفظی ترجمہ بھی تھا اور احادیث بھی۔ سچ ہے آسمان سو سال چکر کھاتا ہے جب ایک صاحب کمال پیدا ہوتا ہے۔

عزیز ماں، مری ہنس مکھ، مری بہادر ماں
تمام جوہر فطرت جگا دئیے تو نے

سیّد علی بلگرامی

کارلائل نے کہا ہے کہ انگریزی زبان میں سوانح عمریاں تو بہت لکھی گئی ہیں لیکن صحت و تسلسل کے ساتھ لکھی ہوئی کسی کی زندگی کی تاریخ اُتنی ہی کمیاب ہے جتنی کہ کسی کی اعلیٰ مقاصد کے حصول میں گزاری ہوئی زندگی ـــــ ایسے لوگ تو بہت سے گزرے ہیں جن کی سوانح حیات ترتیب دینا چاہیں مگر اُن کے متعلق مفید اور سبق آموز مواد فراہم کرنے کی اہلیت رکھنے والے کم ہیں۔ ان بزرگوں کے ساتھ کے اُٹھنے بیٹھنے والے ہی معقول اور صحت مند مواد مہیا کرسکتے ہیں مگر روز کے ساتھ اُٹھنے بیٹھنے والوں میں چند ہی ایسے ہوتے ہیں جن کو اس بات کی تمیز ہو کہ زندگی میں کیا چیز کیا اہمیت رکھتی ہے۔ پھر جب انسان گزرے ہوئے زمانے کو یاد کرتا ہے تو فطرتاً خیالات کا سلسلہ اس کے بس میں نہیں رہتا۔ اور یہ بھی ہوتا ہے کبھی معمولی سی بات تو حافظے میں جم کر رہ جاتی ہے لیکن اسی زمانے کا اہم واقعہ محو ہو جاتا ہے۔ کبھی عقیدت کی آنکھ ایک ہی رُخ دیکھتی ہے۔ کہا جاتا ہے کہ قوموں کی تاریخ سے افراد کی سوانح لکھنا مشکل ہے۔ گزرے ہوئے زمانے کی تاریخ لکھنے کے لیے ریکارڈ بھی ہوتا ہے اور یادگاریں بھی۔ لیکن کسی ایک شخص کی سوانح حیات تو وہی لکھ سکتا ہے جو ذاتی علم رکھتا ہو۔ جوں جوں

زمانہ گزرتا جاتا ہے ایسے لوگ کم ہوتے جاتے ہیں اور وہ وقت بھی آجاتا ہے کہ اُن میں سے کوئی بھی باقی نہیں رہتا۔ دورِ گذشتہ کے مشاہیر کے حالات معلوم کرنے کا شوق تو دو چار کو ہوتا ہے مگر ایسے مواقع نہیں ملتے کہ وہ یہ شوق پورا کر سکیں۔ موجودہ دور میں کچھ ایسی ہوا چلی ہے اور ذہنیت کچھ ایسی مفلوج ہوئی ہے کہ پچاس برس پہلے ہم سے جو بزرگ جدا ہو چکے ہیں اُن کا تو ذکر ہی کیا۔ مظہر الحق۔ سر علی امام۔ جسٹس شاہ دین۔ سر محمد شفیع۔ مولانا محمد علی۔ حکیم اجمل خاں صاحبزادہ آفتاب احمد خاں کو یاد نہیں کیا جاتا۔ ایسے میں کارپردازانِ نقوش کا پرانے مٹتے ہوئے نقوش کو اُبھارنا قابلِ ستائش ہے مگر مجھ ایسے نالائق محض سے کچھ اس سلسلے میں توقع رکھنا محض اس وجہ سے ہو سکتا ہے کہ ؎

اسفل ہی سہی لیکن نسبت تو ہے اعلیٰ سے

سب جانتے ہیں کہ واجد علی شاہ کو مٹیا برج میں لے جانے کے دوسرے سال جب بہادر شاہ ظفر کو رنگون پہنچا دیا گیا تو اودھ و صوبہ شمالی و مغربی جس کو اب اتر پردیش کہتے ہیں خوب ہی لوٹے گئے۔ دو چار ہی اس وسیع علاقے میں ایسے مسلمان گھرانے ہوں گے جن کو ان مصائب کا سامنا نہیں کرنا پڑا۔ ان میں سے ایک ساداتِ بلگرام کا وہ کنبہ بھی تھا جس میں سید علی ۱۸۵۱ء میں پیدا ہو چکے تھے۔ ان کے جدِ امجد مولوی سید کرامت حسین صاحب کمپنی بہادر کی سرکار کے گورنر جنرل کے دربار میں نواب وزیر آف اودھ کے دربار کے نمائندے تھے۔ کرامت حسین صاحب نے اپنے دونوں بیٹوں اعظم الدین حسن اور زین الدین حسن کو کلکتے کے مدرسۂ عالیہ میں جو وارن ہیسٹنگز نے قائم کیا تھا تعلیم دلائی۔ یہ

دونوں انگریزی داں ہونے کے علاوہ علوم مشرقیہ کے عالم بھی تھے۔ آگے چل کر ان دونوں کو انگریزی سرکار میں ملازمت بھی ملی۔ اعظم الدین حسن گورنر جنرل کے مشرقی زبانوں کے ترجمان (Oriental Translater) کی حیثیت سے اے، ڈی، سی بنے اور پھر سندھ کے پولیٹکل ایجنٹ ہو گئے۔ صوبہ بہار میں ڈپٹی کلکٹر اور بندوبست کے حاکم رہے۔ اور سی۔ ایس۔ آئی کا خطاب پایا۔ دوسرے بھائی زین الدین حسن صوبہ بہار و بنگال میں ۱۸۷۸ء میں ڈپٹی کلکٹری کے عہدے سے ریٹائر ہو کر ریاست حیدرآباد میں کمشنر انعام بن کر آئے۔ سید علی انہی کے فرزند تھے۔ ان کے بڑے بھائی سید حسین (عماد الملک) نے کلکتہ یونیورسٹی سے ۱۸۶۶ء میں بی۔ اے کا امتحان پاس کر لیا تھا۔ اسی سال سید علی فارسی و عربی کی تعلیم گھر پر ختم کر کے انگریزی مدرسہ میں داخل ہوئے۔ دو سال انہوں نے کیننگ کالج لکھنؤ میں بھی تعلیم پائی تھی۔ اس کے بعد ۱۸۷۴ء میں پٹنہ کالج سے شریک ہو کر کلکتہ یونیورسٹی سے بی۔ اے کی ڈگری لی۔ بی۔ اے میں ان کی اختیاری زبان سنسکرت تھی۔ دو سال قانون و ادب کی تحصیل میں گزار کر انہیں طامسن اسکالرشپ انجینئرنگ کی تعلیم رڑکی کالج میں حاصل کرنے کے لیے ملا اور یہ وہاں داخل ہو گئے۔ نواب سر سالار جنگ نے ۱۸۷۶ء میں یوروپ کا سفر کیا۔ اس سفر میں ان کے بڑے بھائی مولوی سید حسین بلگرامی بھی ہمرکاب تھے۔ اس سفر میں جو کچھ انہوں نے دیکھا اُس سے متاثر ہو کر ارادہ کر لیا کہ حیدرآباد سے چند ہونہار نوجوان ہر سال انگلستان تعلیم کے لیے روانہ کیے جائیں جو واپس آ کر ریاست کے مختلف عہدوں کو سنبھال سکیں۔ ایک ایرانی نوجوان مرزا مہدی خاں جو اسسٹنٹ

انجینیری کے امتحان میں کامیاب ہو چکے تھے اُن کے ہمراہ تھے۔ ان کو سر سالار جنگ
نے رائل اسکول آف مائنز میں داخل کر دیا اور جب ہندوستان لوٹے سید علی
کو رڑکی سے بلوا کر کچھ ماہ اپنے اسٹاف میں رکھا اور پھر تکمیل تعلیم کے لیے انگلستان
بھیج دیا۔ انہوں نے ۱۸۷۹ء میں لندن یونیورسیٹی کا امتحان داخلہ اعلیٰ درجہ
میں پاس کر لیا۔ اس امتحان میں ان کی اختیاری زبان جرمنی اور فرانسیسی تھی
انہوں نے کیمسٹری۔ طبیعات۔ معدنیات اور ان کے متعلقہ مضامین کی تعلیم چند
سال میں ختم کر لی۔ اپنی ذہانت و قابلیت کے تحسینی صداقت نامے پکسلے
جڈ ننڈل ایسے باکمال پروفیسروں سے لے کر انگلستان چھوڑا۔ جرمنی، فرانس
اسپین ہوتے ہوئے کچھ ماہ اٹلی میں اطالوی زبان سیکھنے کے لیے قیام کیا۔
سنسکرت اور بنگالی تو پہلے ہی سے جانتے تھے۔ حیدر آباد میں انہوں نے مرہٹی
اور تلنگی بھی سیکھ لی۔ ان کا حافظہ بڑا زبردست تھا، جو ایک دفعہ پڑھ لیتے
بھولتے نہ تھے۔ فرانسیسی زبان میں بلا تکلف باتیں کرتے تھے اور قلم برداشتہ
لکھتے تھے۔ وہ جس زبان کی کتاب پڑھنے بیٹھتے ایک ہی نظر میں معنی و مفہوم
سمجھ لیتے تھے۔ چودہ زبانیں ایسے لہجے میں بولتے تھے کہ یہ سب گویا ان کی مادری
زبانیں ہیں۔ بنارس کے پنڈتوں کو اُن کے سنسکرت کے لہجے میں تندی شاستریا
کی جھلک نظر آتی تھی اور اُن کے تلفظ پر بیاس جی کا شبہ ہوتا تھا۔ یورپ
سے واپسی پر وہ انسپکٹر جنرل معدنیات مقرر کر دیئے گئے۔ انہوں نے اور
مرزا مہدی خاں نے جو ان سے ایک دو سال پہلے واپس آ چکے تھے مل کر پالکھال
ضلع ورنگل اور رائچور میں معدنی تحقیقات شروع کی۔ جب ان کی رپورٹ پر

عمل کا وقت آیا تو وہی ہوا جو ہوتا چلا آرہا ہے۔ بقول اکبر الہ آبادی ؎

کچھ قدر نہیں اس کی پرسش ہی نہیں اس کا
نیٹو کی لیاقت بھی مفلس کی جوانی ہے

سر سالار جنگ نے جو ریاست کی خوش انتظامی اور مالی فلاح کے منصوبے باندھے تھے۔ اس میں رکاوٹیں تو انہی کی زندگی میں پیدا ہو گئی تھیں۔ ان کے بعد یہ کیسے گوارا ہوسکتا تھا کہ سید علی اور مرزا مہدی ایسے کثیر المعلومات نوجوانوں کو سرزمین دکن سے سونا اگلوانے کی اجازت دی جاتی۔ رائچور کا سونا ہو یا ورنگل کا کوئلہ —— ان کی جستجو اہر کالے آدمی —— ایں خیال است و محال است و جنوں —— دونوں کو معدنیاتی خدمات سے محروم کر دیا گیا۔ مرزا مہدی علی۔ توماں۔ اعداد و شمار۔ مردم شماری کے محکموں میں طبقات الارض کی صلاحیتوں کو دفن کرنے کے لیے بھیج دیئے گئے اور سید علی بلگرامی ہوم سکریٹریٹ تعلیمات اور ریلوے کا چکر کاٹتے رہے ۱۹۰۱ء میں یہ چکر ختم ہوا اور وہ ۱۹۰۹ء میں کیمبرج یونیورسٹی میں مرہٹی کے پروفیسر ہو گئے۔ کدال تو ان دونوں کے ہاتھ سے حکومت کی پالیسی نے چلنے نہ دی۔ مگر ان دونوں کے ہاتھوں سے قلم چھین لینے کی قوت کسی میں نہ تھی۔ ملک کو نہ سہی۔ ملک کی زبان کو یہ دونوں ہستیاں مالا مال کر گئیں۔

جس زمانے میں سید علی انگریزی تعلیم حاصل کر رہے تھے اُسی زمانے میں سر سید احمد خاں نے ورنیکلر یونیورسٹی کے قیام کی تحریک سرکار انگریزی میں کی تھی جس کا انکاری جواب دیتے ہوئے گورنمنٹ نے ان کو لکھا تھا کہ

وہ علوم و فنون کے ہر شعبے میں ہندوستانیوں کو فراخ دلی سے اعلیٰ تعلیم دینا چاہتی ہے جس کے لیے دیسی زبان میں کوئی ذخیرہ موجود نہیں ۔ اس لیے کچھ عرصے تک ہندوستان کے باشندوں کو انگریزی زبان ہی سکھانا ہوگا اور اسی میں اعلیٰ تعلیم دینا پڑے گی ۔ سرسید کو اس طرف توجہ کرنی پڑی ۔ سرسید کی اس آواز پر سب سے پہلے لبیک مولوی ذکاء اللہ مرحوم نے کہا۔ اور دہلی کے ماسٹر پیارے لال آشوب اور پنڈت دھرم نرائن اس مقصد کی تکمیل کے لیے بڑھے ۔ سید علی صاحب کے دل میں یہ بات بچپن ہی سے بیٹھ گئی اور اسی وجہ سے انہوں نے سنسکرت اور پھر فرانسیسی اور جرمنی اپنی اختیاری زبانیں امتحانات کے لیے چنیں اور ان زبانوں کی کتابوں کے ترجمے اردو زبان میں آگے چل کر کئے ۔ یہی وجہ ہے کہ ان کا اوریجنل ورک کم اور تراجم زیادہ ہیں ۔

سالار جنگ ثانی اور نواب سر آسماں جاہ کی وزارت میں وہ جن الجھنوں میں پڑ گئے ۔ وہ ان کی علمی اور ادبی زندگی میں بھی رخنہ انداز ہوئیں۔ ان حالات سے بددل ہوکر انہیں وکالت کا خیال آیا۔ درسگاہوں سے باہر ہوکر انسان دنیا کے جھمیلوں میں پڑ جاتا ہے تو وہ امتحان پاس کرنے کا ڈھنگ بھول جاتا ہے ۔ یہ کلیہ ان کے حق میں غلط ثابت ہوا! کلکتہ یونیورسٹی کے بی ۔ ایل کے ۱۸۹۱ء والے سال کے امتحان میں چار ماہ باقی رہ گئے تھے لیکن انہوں نے فیس داخل کرکے امتحان کی تیاری شروع کردی ۔ حالانکہ وہ ۱۸۷۵ء یا ۱۸۷۶ء میں قانون کی تعلیم چھوڑ چکے تھے امتحان میں بیٹھے اور یونیورسٹی بھر میں اول آکر طلائی تمغے اور یونیورسٹی کے اسکالرشپ کے حقدار قرار پائے ۔ اسی زمانے کے لگ بھگ حیدرآباد کے معاملات پر

مسٹر مترا نے ایک پمفلٹ شائع کیا تھا۔ ایک گروہ کا خیال یہ تھا کہ اس پمفلٹ کو
محسن الملک کی پارٹی نے جس کے دو مضبوط ستون سید علی بلگرامی اور محمد صدیق انجینیر
سمجھے جاتے تھے شائع کرایا ہے۔ ریذیڈنسی کا گمان یہ تھا کہ فتح نواز جنگ کی
میم صاحب کی خانگی زندگی کے متعلق جو واقعات بیان کیئے گئے ہیں ان کو اس
ریاست میں سوائے عماد الملک اور سرور الملک کے کوئی نہیں جانتا اور چونکہ
عماد الملک آسمان جاہ کی وزارت کے حامیوں میں سے ہیں۔ اس لیے یہ مواد
سرور الملک کے اور کسی نے نہیں دیا۔ اس مقدمے کی پیروی کے لیے مترا کی طرف
سے فوجداری کے مشہور بیرسٹر ایلڈرلی نارٹن جو اس زمانے میں مدراس میں
وکالت کرتے تھے اور بمبئی کے مشہور سالیسٹر ایچ لو بلائے گئے۔ یہ مقدمہ ایک
کمیشن کے سامنے ۱۸۹۲ء میں بڑے زور شور سے چلتا رہا۔ یہی مقدمہ حقیقت میں
فتح نواز جنگ کو حیدرآباد سے نکالے جانے اور سر آسمان جاہ کی وزارت کے
ٹوٹنے کا پیش خیمہ ہوا۔ ۱۹۱۹ء یا ۱۹۲۰ء میں جب میں یوپی میں وکالت کرتا
تھا ایک مقدمے میں میرا اور مسٹر نارٹن کا اورنگ آباد آنا ہوا۔ اس مقدمے میں
مسٹر محمد اصغر انصاری بیرسٹر کے (جو بعد کو ہائی کورٹ کے جج ہوئے) جونیر کے
طور پر کام کر رہا تھا۔ اکثر ہم تینوں کی تفریحی صحبتیں رہتی تھیں۔ مسٹر نارٹن بڑے
بذلہ سنج اور ہنس مکھ تھے۔ ان میں گورے کالے کی تفریق کا مادہ بہت کم تھا۔
وہ اکثر ان صحبتوں میں بڑی شخصیتوں کا بلا نسلی تفریق کے مذاق اڑاتے رہتے
تھے۔ اس پمفلٹ اور اس زمانے کی "گندی سیاست" کا تذکرہ کرتے ہوئے
نارٹن نے کہا کہ اگر سید علی بی۔ایل کا امتحان دے کر حیدرآباد واپس آتے

کلکتے ہی میں رہ جاتے تو وہ بہت جلد کلکتہ بار میں نمایاں مقام حاصل کر لیتے۔ ان کا حافظہ قوی ذہن تیز اور نظر وسیع تھی۔ انھیں ہمدردی بھی تھی اور ایسی طبیعت پائی تھی کہ مقدمہ کے واقعات معلوم کرنے میں موکل کی پراگندہ خیالی سے ان کا دل اُچاٹ نہ ہوتا اور یہی وہ خوبیاں ہیں جو قانون پیشہ کو "لائم لائٹ" میں لاتی ہیں

وہ ریاست میں تو کسی خطاب کے مستحق نہ ٹھیرے مگر گورنمنٹ آف انڈیا نے ان کی علمی خدمات کا اعتراف شمس العلماء کا خطاب ۱۸۹۳ء میں دے کر کیا۔ اور انگلستانی یونیورسٹی نے ان کو ڈاکٹر اور ڈی لٹ بنادیا۔ دوران ملازمت میں انہوں نے رسالہ الحقائق نکالا تھا۔ یہ رسالہ عربی زبان میں سہ ماہی تھا۔ اس میں نواب عماد الملک اور علامہ شوستری اور مولوی سید کرامت حسین صاحب کے جو ۱۹۰۰ء میں الہ آباد ہائی کورٹ کے جج مقرر ہوئے مضامین شائع ہوتے تھے۔ یہ رسالہ چل نہ سکا اور جلد بند ہوگیا۔ انہوں نے میڈیکل جورسپروڈنس کا ترجمہ اُردو میں "اصول قانون متعلق بہ طب" کیا۔ اس کاوش اور محنت کا معاوضہ سر آسماں جاہ کی وزارت کے زمانے میں سرکار سے چھ ہزار روپیہ ملا۔

نواب وقار الامراء کے زمانے میں وہ طوفان جو سید علی صاحب کو پریشان کرنے کے لیے اٹھایا جاتا تھا بہت کم ہوگیا اور ان کے علمی کاموں میں وقار الامراء سے مدد بھی ملی۔ انہوں نے اس موقع کو غنیمت جان کر ایک سررشتہ علوم وفنون قائم کرالیا اور اپنی نگرانی میں دکن کی تاریخ اور بہت سی کتابیں تالیف و ترجمہ کرائیں۔ انہوں نے مولانا شبلی کا تقرر بحیثیت ناظم سررشتہ علوم وفنون کرایا۔ یہ سررشتہ ایک عرصے تک قائم رہا۔ مولوی سید احمد صاحب دہلوی مولف فرہنگ آصفیہ

کو ۵۰۰ روپیہ ماہوار وظیفہ مقرر کیا۔ ان کی تالیفات پر انعام دینے کے لیے انہوں نے خود گزارش پیش کی اور سرکار سے ایک گراں قدر رقم منظور کرا کے ان کے حوالے کردی۔

آل انڈیا ایجوکیشنل کانفرنس کا سالانہ جلسہ جو اس زمانے میں علی گڈھ میں ہوا تھا اس میں انہوں نے ایک تحقیقاتی مقابلہ "کلیلہ و دمنہ" پر پڑھا۔ انہوں نے بڑی محنت سے پتہ چلایا تھا کہ یہ کتاب اصل میں کہاں سے نکلی۔ کہاں کہاں گھومی۔ کس کس زبان میں اس کا ترجمہ ہوا اور اس میں کیا کیا تبدیلی ہوتی گئی اور اصل سے موجودہ نسخے کتنے مختلف ہوگئے۔ وہ انگلستان میں جب کیمبرج کے پروفیسر ہوکر گئے تو الف لیلیٰ کے متعلق بھی ایسی ہی تحقیقات شروع کی تھی۔ مختلف نسخے اور وہ دوسری کتابیں جس میں الف لیلیٰ کے حوالے یا اقتباسات تھے اور جن زبانوں میں الف لیلیٰ کا ترجمہ ہوا سب اکٹھے کرلیے تھے جن کی تعداد سوا سو تھی۔ اس کے کام کو وہاں تو نہ کر سکے۔ ہندوستان آتے ہی جب وہ حیدرآباد میں مقیم ہوگئے تو اُن کی ساری توجہ علی گڈھ کی طرف مبذول ہوگئی اور وہ مسلم یونیورسٹی کا کانسٹی ٹیوشن بنانے میں مشغول ہوگئے اور انہوں نے اس کے مرتب کرنے کے لیے یورپ اور مصر کی یونیورسٹیوں کے طریق کار انتظامی امور اور تعلیمی نصاب کا مطالعہ کیا۔ افسوس ہے کہ وہ زیادہ دن زندہ نہ رہ سکے۔ بہت ممکن تھا کہ جو کشمکش یونیورسٹی کے متعلق ہوئی اس میں بہت کمی ہوجاتی اور یہ تو مانی ہوئی بات تھی کہ وہی پہلے وائس چانسلر ہوتے۔ علی گڈھ پارٹی کے احرار اور استبدادی دونوں اُن پر بھروسہ کرتے تھے۔

تمدن ہند اور تمدن عرب ان کے دو بڑے شاہکار ہیں جو ان کے نام کو ہمیشہ زندہ رکھیں گے۔ ان دونوں کتابوں کا مصنف موسیو لیبان ہے۔ یورپ میں یہ دونوں کتابیں اس جید عالم د ماہر فن کی دماغ سوزی اور انتھک کاوشوں کی یادگار ہیں اور بڑی مستند ہیں۔ ان کتابوں کا ترجمہ انہوں نے اس طرح سے کیا کہ پہلے پورا پیراگراف پڑھ لیتے تھے پھر قلم اٹھا کر اپنی زبان اردو میں لکھنا شروع کردیتے تھے اور مجال نہیں کہ مصنف کا منشاء فوت ہوجائے۔ ان ضخیم کتابوں کو پڑھتے وقت یہ محسوس ہی نہیں ہوتا کہ یہ کسی کتاب کا ترجمہ دوسری زبان سے اردو میں ہے انہیں ہند کے پرانے تمدن سے بڑی دلچسپی تھی۔ ایلورا کے مشہور غاروں کی جس میں بعض تو اس وقت مٹی میں دبے ہوئے تھے۔ بڑی چھان بین کی اور ان پر گائڈ کے طور پر ایک کتابچہ لکھا جس سے آئندہ چل کر ان لوگوں کو جنہوں نے پرانی یادگاروں کی تحقیق کی بڑی رہنمائی ہوئی۔ انہوں نے فارسی اور سنسکرت کی تعلیمی فوائد کا تقابل کیا اور اس پر ایک پورا رسالہ لکھا۔ حیدرآباد کی اقتصادی حالت اور یہاں کے معدنیات پر جو رسالہ انہوں نے لکھا اس کی افادیت ابھی تک قائم ہے۔ کاش ان کے نواسے سعادت علی جو لوک سبھا کے ممبر ہیں اور پرائم منسٹر کے پارلیمنٹری سکریٹری امور خارجہ ہیں اس رسالے کو اپنی مال کی کتابوں میں سے ڈھونڈ کر ریسرچ ڈپارٹمنٹ کے حوالے کردیں۔

مرحوم کو کتابوں کا بیحد شوق تھا۔ ان کی لائبریری ان کے ڈرائنگ روم سے زیادہ شاندار تھی اور بہت باترتیب۔ انہیں کسی کتاب کے نکالنے کی دقت نہ ہوتی تھی۔ بعض انگریز کتب فروشوں کو انہوں نے مستقل آرڈر دے رکھا تھا۔ یورپ کی

کسی زبان میں اسلام کے مذہب، یا تاریخ پر کتاب شائع ہوتے ہی اُن کے پاس آجاتی تھی۔ بعض Periodicals کے مستقل خریدار تھے۔ عام طور پر جن لوگوں کو کتابیں جمع کرنے کا شوق ہے وہ ان کو جان سے زیادہ عزیز رکھتے ہیں۔ اور کسی کو ان کی ہوا بھی لگنے نہیں دیتے۔ انہیں یہ عادت نہ تھی۔ وہ جس کو اپنے سے زیادہ مشتاق دیکھتے اور اپنے سے زیادہ قدر دان بھی سمجھتے اپنی کتاب نذر کر دیا کرتے تھے۔ چنانچہ مولانا شبلی کو کئی نادر کتابیں انہوں نے حوالے کردیں۔ سرسید جب آخری مرتبہ حیدر آباد آئے تو بشیر باغ میں سرکاری مہمان کی حیثیت سے ٹھہرے۔ سیّد علی صاحب ان کو اپنا کتب خانہ دکھانے کو لائے۔ سرسیّد کئی گھنٹوں تک ان کے نایاب ذخیرے کو دیکھتے رہے اور مختلف کتابوں پر گفتگو کرتے رہے۔ ایک کتاب کو جو اسپین کے اسلامی دور کی باتصویر تاریخ تھی بہت تعریف کی اور کہا کہ ایسی کتاب تو ہمارے کالج کی لائبریری میں ہونا چاہیئے تھی تاکہ ہمارے نوجوانوں کو ہماری عظمت معلوم ہو اور عبرت بھی ہو۔ انہوں نے وہ کتاب نہایت ہی خندہ پیشانی سے سرسید کے حوالے کردی اور کہا آپ سچ فرماتے ہیں ایسی نایاب کتاب ہماری قومی لائبریری ہی میں رہنی چاہیئے۔ انہیں جب کبھی موقع ملا، انہوں نے نایاب کتاب کو اور نایاب بنانے کے لیے چھپا کر نہیں رکھا بلکہ اس کو شائع کرنے کی فکر کی۔ کہا جاتا تھا کہ تزک بابری کے اصلی ترکی زبان میں صرف دو نسخے تھے۔ ایک روس کی لائبریری میں اور دوسرا فرانس کے کتب خانے میں۔ اس کا ایک نسخہ نواب سالار جنگ بہادر کے کتب خانے میں بھی نظر پڑا۔ جب وہ ۱۹۰۱ء میں حیدر آباد کو خیرباد کہہ کر انگلستان روانہ ہوئے تو اس نسخہ کو

اپنے ساتھ لیتے گئے۔ نواب یوسف علی خاں سالار جنگ ثالث اُس وقت نابالغ تھے۔ اور اُن کی ہر شئے پر کورٹ آف وارڈس کی نگرانی تھی۔ سید علی صاحب کے مخالفین نے ان کے اس فعل کو بڑی رنگ آمیزی کے ساتھ پیش کر کے سرکار سے یہ حکم لے لیا کہ یا تو سید علی صاحب فوراً اس کتاب کو واپس کریں یا اُن کے وظیفہ سے اس کی قیمت محسوب کرنا شروع کر دی جائے۔ جب اس حکم کی ان کو اطلاع ملی اُس وقت تک یہ کتاب لندن کے قدیم کتابوں کے پرکھنے والوں کی نظر پڑھ چکی تھی اور گب میموریل فنڈ کے خرچ سے اس کی عکسی کاپیاں ہو چکی تھیں مولوی صاحب نے اصل کتاب معہ ایک کاپی کے فوراً واپس کر دی اور جواب میں لکھا کہ میرا مقصد اس کتاب کو ہتیانا نہیں تھا بلکہ سالار جنگ کے کتب خانے کا نام بڑھانا اور اس کتاب کو زندہ کرنا تھا اور اس میں میں کامیاب ہو چکا۔ کیمبرج یونیورسٹی میں ان کی جو عظمت و توقیر تھی اور اُن کے پرانے ادب کے ساتھ دلچسپی کی جو شہرت تھی اس کا اندازہ اس سے ہو سکتا ہے کہ کیمبرج کی لائبریری میں ایک پرانی کتاب "الوصایا" تھی۔ اس قلمی نسخے پر شہاب الدین خفاجی اور امام عبدالقادر کی مہر تھی۔ وہ اس قدر بوسیدہ ہو گئی تھی کہ اس کا فوٹو لینا ضروری ہو گیا۔ اس کے سب فوٹو تقسیم ہو چکے تھے۔ صرف ایک ان پروفیسر صاحب کے پاس رہ گیا تھا جن کا اس سبجکٹ سے تعلق تھا۔ سید علی صاحب سے جب اس کتاب کا تذکرہ آیا تو انہوں نے یہ کہہ کر کہ آپ اس کے مجھ سے زیادہ مستحق ہیں یہ کاپی ان کے نذر کر دی۔ انہیں مصر کی پرانی تاریخ پر ایک نایاب کتاب ہاتھ آگئی۔ انہوں نے اس کے حصے رائل ایشیاٹک سوسائٹی کے جنرل میں طبع کرانا شروع کر دیئے۔

انہوں نے کلام پاک کا ایک ایسا انڈکس بنانا چاہا کہ جس کے ذریعہ سے ہر موضوع پر جو آیات جس سورت میں ہو آئت اور سورت کے حوالے سے مل سکے۔ اسی طرح سے انہوں نے عربی مصنفین کا نام وار ایک انڈکس حیدرآباد ہی میں بنوانا شروع کیا تھا۔ جس سے ہر مصنف کی تحقیقات کا پتہ چل سکے۔ ان دونوں کو ان کا ارادہ بیروت میں طبع کرانے کا تھا مگر یہ کام بھی جوں کا توں ہی رہ گیا۔

فطرت کا یہ اٹل عمل ہے کہ بچہ جس ماحول میں پرورش پاتا ہے اُس کا اثر غیر شعوری طور پر اس کے عادات و خصائل پر ضرور پڑتا ہے۔ سید علی اپنے وطن بلگرام سے دور ایک بڑے عہدہ دار کے گھر میں پیدا ہوئے تھے ۵۷ء کی شورش فرو ہو جانے کے بعد جب ان کی عمر چھ سات برس کی تھی یہ دیکھا کہ ان کے چچا کی ہر جگہ آؤ بھگت ہوتی ہے اور ان کو آرہ گیریزن ہوس کا ہیرو اور بچانے والا کہا جاتا ہے۔ وہ جس اسکول میں پڑھے اُس کے دروازے محض خوشحال خاندانوں کی اولاد پر کھلے ہوئے تھے۔ ایسے میں انہیں اپنی خاندانی وجاہت کا احساس پیدا ہونا لازمی تھا۔ پھر ان کے اس احساس برتری پر ان کی اسکول کالج اور یونیورسٹی میں نمایاں کامیابیوں نے سونے پر سہاگے کا کام دیا۔ بعض لوگ جو ان کے زمانے میں اُن کے گھر کے چکر کاٹتے تھے۔ ان کے جانے کے بعد یہ کہنے لگے کہ "ان پر حب دولت وجاہ غالب تھی" وہ ان کی فیاضیوں پر بھی یہ کہہ کر پردہ ڈالنا چاہتے ہیں کہ اکثر ان سے وہی متمتع ہوتے جو چلتے پرزے ہوتے یا ان کی شہرت میں مدد دیتے۔ چونکہ انہیں تنگدستی کا منہ دیکھنا پڑا تھا اور لہو و لعب میں نہیں پڑے تھے اس لیے ان کے پاس اتنا تھا کہ جو ان کو دو چار بار مدد کیلئے

گھیرے اس کو کچھ نہ کچھ دے کر ٹال دیں۔ جن اشخاص کی انہوں نے مدد کی اس میں علماء مصنفین اور طلباء تھے۔ ان بلند حوصلہ امراء پر یہ گمان کرنا کہ وہ نقد و کتب علماء کو اس وجہ سے دے دیتے کہ ان کا نام ہو مہمل سی بات ہے۔ اگر انہیں نام و خطاب و شہرت کی خواہش ہوتی تو اپنی خودداری سے ان راستوں کو اپنے اوپر بند نہیں کر لیتے جو خطاب دینے والوں کے محلوں اور کوٹھیوں کی طرف جاتے ہیں۔ جب وہ اپنی ادبی صحبتوں میں مصروف ہوتے تو ان کے گھر پر بڑے سے بڑا آئے اس کے لیے اس صحبت کو چھوڑ کر ڈرائنگ روم کی طرف کبھی نہیں بڑھے۔ البتہ وہ اچھا کھاتے تھے اچھا پہنتے تھے اچھے مکان میں رہتے تھے۔

ان کا اخلاق وسیع تھا مگر بڑے درباروں میں جبیں سائی ان کو نہ آتی تھی۔ کوئی نہ کوئی مہمان ان کے یہاں آتا ہی رہتا تھا۔ امریکن ہو یا یوروپین، ترکی ہو یا مصری ان کے پاس ضرور آتا اور ان سے فرنچ زبان میں گفتگو کا لطف اٹھاتا۔ ان کی بیگم صاحبہ خیر مجسم تھیں۔ تمام عمر شوہر نے ان کی اور انہوں نے شوہر کی رضاجوئی کو مقدم سمجھا۔ اپنے شوہر کے مہمانوں کے لیے عمدہ عمدہ کھانے اپنی نگرانی میں پکواتیں کیمبرج میں بھی ان کے ساتھ گئیں۔ ہندوستانیوں کو جو وہاں آتا ہندوستانی کھانا کھلا دیتیں۔ اس زمانے میں جو طلباء تھے آج تک ان کو محبت و احترام سے یاد کرتے رہیں۔ مگر نہ ہندوستانی لباس چھوڑا نہ خاندانی رسم و رواج ترک کیا جس طرح حقہ یہاں پیتی تھیں وہاں بھی پیا کیں۔ سید علی صاحب جب تک حیدرآباد میں برسر خدمت رہے۔ جہاں اہل غرض نے ان کو گھیرا وہ اس کی مدد کر دیتے تھے۔ اور سفارش کرنے سے دریغ نہ کرتے تھے۔ بعض وقت تو اس بارے میں وہ حد سے

زیادہ بڑھ جاتے تھے۔ مولوی خدا بخش خاں جن کی پٹنے میں لائبریری مشہور ہے۔ وہاں وکالت کرتے تھے درجہ دوم کی سند تھی۔ حیدرآباد میں ایک مقدمے کے سلسلے میں آئے۔ سید علی صاحب اور ان کے والد دونوں سے ان کی ملاقات تھی۔ اسی وجہ سے وہ مولوی صاحب کے یہاں ٹھہرے ہوئے تھے۔ انہوں نے یہ خواہش کی کہ اگر یہاں درجۂ اوّل کی سند مل جائے تو اچھا ہے۔ سید علی صاحب نے کہا کہ یہ کیا بڑی بات ہے اور مولوی میر افضل حسین صاحب چیف جسٹس کے پاس گئے اور پرانے تعلقات جو ان کے خاندان کے مولوی خدا بخش سے تھے وہ بھی بیان کئے میر صاحب نے ان کو سوکھا جواب دے دیا۔ جب مولوی خدا بخش خاں صاحب کو یہ علم ہوا تو ان کو افسوس ہوا اور سید علی صاحب سے معذرت چاہی کہ آپ کو میری وجہ سے ایسا جواب سننا پڑا۔ سید علی صاحب نے کہا کہ نہیں مولوی صاحب میں آپ کو ایک نہ ایک دن یہاں کا میر مجلس کرا کر رہوں گا۔ چنانچہ جب وقار الامراء کا دور شروع ہوا تو مولوی خدا بخش میر مجلس ہو کر ہی رہے۔ نواب سر عقیل جنگ بہادر کہتے تھے کہ میں حیدرآباد سے بیزار ہو کر بمبئی جانے والا تھا۔ ملازمت کے وعدے تو بہت سے ہوتے مگر ایک بھی پورا نہیں۔ ایک دن میں اپنے چچا سید علی صاحب سے ملنے گیا اور ان کی دریافت پر کہا کہ کل بمبئی جا رہا ہوں۔ انہوں نے کہا کیوں۔ سید عقیل نے کہا کہ میں بمبئی میں جا کر خود نوکری تلاش کر لوں گا۔ انہوں نے کہا کہ ایک دن تو اور ٹھہر جاؤ۔ اگر تم کو ملازمت نہ ملے تو جہاں دل آئے چلے جانا کل صبح بیگم پیٹھ میں مجھے وقار الامراء کی ڈیوڑھی پر ملو۔ چنانچہ صبح میں گیا۔ چچا بھی آئے اور اطلاع کرنے کے لیے اے۔ ڈی۔ سی سے کہا۔ اس نے کہا کہ نواب صاحب

آج کسی سے نہیں ملیں گے۔ انہوں نے حکم دیا ہے کہ کسی کی اطلاع مت کرو۔ سید علی صاحب نے کہا کہ آپ میری ذمہ داری پر جا کر اطلاع کیجیئے کہ نہایت ہی اہم کام ہے۔ سر وقار الامراء کپڑے پہن کر آفس کے کمرے میں برآمد ہوئے اور سید علی صاحب کو بلوایا۔ آپ گئے اور میرے فوری تقرر کے متعلق صوم تعلقداری کا مجھ کو چارج دلایا جائے حکم لکھالائے۔ سر وقار الامراء نے چچا سے شکوہ کیا کہ آپ نے بلاوجہ مجھے آج تکلیف دی۔ انہوں نے کہا کہ آپ کے لیے تو ضرور ذرا سی بات ہے لیکن میرے لیے عقیل کا اس طرح چلا جانا تو معمولی بات نہیں۔ اُن میں یہ کمزوری ضرور تھی کہ کانوں کے بڑے کچے تھے۔ ذرا کسی طرف سے کسی نے کچھ ایسا لگا دیا جس میں اُن کی سُبکی متصور ہو فوراً بگڑ جاتے مگر جب بیچ والوں کی چالاکی کھل جائے تو صاف بھی ایسے ہو جاتے تھے کہ گویا کبھی دل میں ملال آیا ہی نہ تھا۔

مرزا مہدی خاں کوکب۔ جنہوں نے تمدن یورپ۔ ہندسۂ جدید اور نیچرل فلاسفی ایسی کتابوں کو اُردو کا جامہ پہنایا تھا۔ سید علی مرحوم کے ساتھ اِنگلستان میں بھی رہے تھے۔ معدنیات کی تحقیقات میں رات دن ساتھ رہنا پڑا۔ پھر دونوں میں قربت اِس طرح سے بھی ہو گئی تھی کہ مرزا مہدی خاں کے چھوٹے بھائی ڈاکٹر کریم خاں (نواب خدیو جنگ) کے ساتھ سید علی صاحب کی بھتیجی طیبہ بیگم کی شادی ہوئی تھی۔ مرزا صاحب سید علی مرحوم کا ذکر بڑی حسرت کے ساتھ کیا کرتے تھے۔ اُن کی نظر میں مرحوم کی سب سے بڑی خوبی یہ تھی کہ اپنے ہم عصر علمی خدمات کرنے والوں سے نہ رشک کرتے تھے نہ حسد۔ بلکہ اُن کا دل بڑھاتے تھے اپنی کتابیں مستعار دے دیتے تھے۔ جن میں سے بعض تو پھر اُن تک واپس پہنچتی بھی

نہ تھیں بعض وقت ان میں آرام طلبی عود کر آتی تھی ۔ایک کام میں لگے لگے اُن کی طبیعت اچاٹ ہوجاتی تو اُسے چھوڑ کر دوسرے کام میں متوجہ ہوجاتے ۔ محنتی و جفاکش نہ تھے ۔ مذہبی بحث عامیانہ ہو یا عالمانہ پسند نہیں کرتے تھے ۔ایام عزا کا احترام کرتے تھے ۔ اسلام سے واقف اور سچے مسلمان تھے ۔چونکہ انہوں نے تنگ دستی کا منہ نہ دیکھا تھا اس لیے روپیہ کی قدر نہ کرتے تھے ۔ امیرانہ زندگی بسر کرتے تھے ۔ وہ اپنے بڑے بھائی کی طرح خاموش طبیعت اور خاموش بیٹھنے والے نہ تھے ۔

سید علی صاحب مرحوم اپنے آبا و اجداد کی طرح مذہباً شیعہ تھے ۔اُن کی پالیسی مرنجان و مرنج کی تھی ۔علمی گفتگو خواہ مذہبی ہو، یا تاریخی انہی سے کرتے تھے جن کو اس کا اہل جانتے تھے ۔مگر مناظروں سے دور بھاگتے تھے ۔ان کی نظر میں مذہب اخلاق کی ایک ایسی زندہ طاقت تھا جس کا اظہار انسان کے اخلاقی کمال میں متواتر ہوتا رہتا ہے ۔ ان کے خیال کے مطابق انسان جو کچھ جانتا ہے اور جو نہیں جان سکا ۔ اس کے درمیان جو اعلیٰ ترین اتحاد پایا جاتا ہے اس کے احساس اور علم کا نام مذہب ہے ۔ مذہب یہ ہے کہ محدود ارادت کو غیر محدود مشیت کے تابع کر دیا جائے ۔ ان کو یہ دیکھ کر افسوس ہوتا تھا کہ اسلام کی عالمگیر تہذیب مسلمانوں کے ہاتھوں بدنام ہو رہی ہے ۔ جب وہ کیمبرج کی پروفیسری سے علیٰحدہ ہوکر واپس آئے تو اُس کے کچھ دن پہلے ہی نواب وقار الملک اور سر جان ہیوٹ لفٹننٹ گورنر صوبہ آگرہ و اودھ کے درمیان انگلش اسٹاف کے علی گڈھ کالج میں اختیارات و اقتدار کے متعلق سخت جھگڑا چل رہا تھا اور حقیقت میں اسی

کے باعث شیعہ کالج بنانے کی تجویز پیدا کرائی گئی تھی۔ جب ان سے یہ تمام اندرونی باتیں بیان کی گئیں تو انہوں نے اس تحریک کو نہایت ہی ناپسند کیا۔ ایک دفعہ مجھ سے فرمانے لگے کہ تمہیں معلوم ہے کہ علی گڈھ کالج میں صرف ایک ہی مسجد کیسے بنی۔ جب سرسید اقامت خانے کالج کلاسوں اور دوسرے ہالوں کا نقشہ تیار کرا رہے تھے تو بورڈنگ کے احاطہ میں دو مسجدیں بنوانا چاہتے تھے۔ میرے بھائی نے اس کی سخت مخالفت کی اور سید صاحب سے کہا کہ اگر آپ ہی شیعہ سنی طلباء سے ایک مسجد میں نماز نہ پڑھوا سکے تو جب یہ یہاں سے تعلیم پاکر نکلیں گے تو آپ کے مشن کا کیا حال ہوگا۔ سرسید نے فوراً ہی دو مسجدوں کا ارادہ ترک کر دیا۔ لکھنؤ کے ایک ان کے بڑے با رسوخ دوست نے انہیں آل انڈیا شیعہ کانفرنس کی صدارت کے لیے لکھا کہ آپ شیعہ ہیں، عالم ہیں، صاحب مال و جاہ ہیں۔ اس عہدے کو قبول کر کے شیعہ قوم کی رہنمائی کیجئے۔ آپ نے جواب میں لکھا کہ میں شیعہ ضرور ہوں مگر عالم نہیں طالب علم ہوں۔ مالدار نہیں ہوں البتہ فراغت سے کھا پی لیتا ہوں۔ میں اس قسم کی کانفرنس کو پسند نہیں کرتا۔ مسلمانوں کے لیے ایک آل انڈیا ایجوکیشنل کانفرنس موجود ہے۔

ان کی طبیعت روکھی پھیکی نہ تھی۔ مزاج میں مزاح بھی تھا۔ اجمیر میں خواجہ صاحب کی درگاہ میں فاتحہ پڑھنے کے لئے وہ جا رہے تھے۔ درگاہ میں داخل ہوتے ہی موٹی آسامی دیکھ کر مجاوروں نے انہیں گھیر لیا۔ انہوں نے کہا کہ مجھے کیوں گھیرتے ہو۔ میں تو وہابی ہوں۔ مولوی عبدالحق صاحب

بیان کرتے تھے کہ ایک دفعہ وہ مولانا شبلی۔ ظفر علی خاں (ایڈیٹر زمیندار) وغیرہ ان کے یہاں بیٹھے ہوئے تھے۔ مولانا شبلی نے سید علی صاحب کو مخاطب کر کے کہا کہ عبدالقادر جیلانی نے کوئی کتاب شیعوں کے خلاف نہیں لکھی تو شیعوں کو حضرت کے ساتھ اتنی عداوت کیوں ہے۔ سید صاحب نے جواب دیا کہ کتاب لکھنے نہ لکھنے کا سوال نہیں ہے۔ انہوں نے ہماری آدھی سلطنت چھین لی۔ مولانا نے کہا کہ وہ کیسے۔ انہوں نے جواب دیا کہ اگر وہ نہ ہوتے تو سب ہمارے اماموں کی ہی پرستش کرتے۔ اس طرح آپ کی سلطنت چھن جاتی تو آپ کیا کرتے۔ ایک مولوی صاحب نے آپ سے ایک کمیاب کتاب نقل کرنے کو مانگی۔ مروت کے مارے انکار تو نہ کیا۔ کتاب نکالی اور یہ کہہ کر دینے لگے کہ کتاب تو نایاب ہے مگر جلد سور کے چمڑے کی ہے۔ مولوی صاحب نے لاحول ولاقوۃ کہہ کر ہاتھ کھینچ لیا۔ آپ تمدن ہند کا ترجمہ کر رہے تھے۔ ایک دن کچھ دوستوں کو ڈراویڈین قوم کا حال سنانے لگے۔ ایک صاحب نے کہا کہ کیا یہ قوم باقی ہے۔ اس صحبت میں ایک بدہئیت پختہ رنگ مولوی صاحب بھی اتفاق سے موجود تھے۔ مسکرا کر ان کی طرف اشارہ کر دیا۔

گرمیوں کا زمانہ تھا۔ ۳۰ر مئی ۱۹۱۱ء کی رات میں کھانا کھانے کے بعد وہ اپنے سسر دوہی کے مکان پر ٹینس کورٹ پر بیٹھے ہوئے اپنی بہن فاطمہ بیگم، بیگم صاحبہ اعد .... اپنی بھی رقیہ بیگم اور اپنی بہن کی لڑکی سے ہنس ہنس کر باتیں کر رہے تھے کہ ہوش بلگرامی کے الفاظ میں،

"آسمان سے ملک الموت بن کر ایک تارہ ٹوٹا جس کی
روشنی سے سب کی آنکھیں چکا چوند ہو گئیں۔ مگر ان کے
پلک جھپکاتے ہی ان کی حرکتِ قلب بند ہو گئی۔ جو اعزا
چند منٹ پہلے اپنے فخرِ خاندان سے ہنس بول رہے
تھے وہ چیخ چیخ کر رونے لگے۔ جو گھر ابھی عشرت کدہ
بنا ہوا تھا وہ ماتم کدہ بن گیا۔"

نواب علی نواز جنگ

ملازمین سرکار کے متعلق اکبر الہ آبادی نے یہ کلیہ قائم کیا تھا کہ
"بی اے کیا۔ نوکر ہوئے۔ پنشن ملی اور مرگئے"

میر احمد علی (علی نواز جنگ) اُن اِنے گنے افراد میں سے تھے جن پر اس کلیئے کا اطلاق نہیں ہوتا۔ مرحوم میر واعظ علی کے فرزند اور نواب محمود نواز جنگ کے داماد تھے۔ اس طرح تقرب شاہی کے موقعے انہیں بچپن ہی سے ملے۔ انہیں سینٹ جارج گرامر اسکول سے کامیاب ہوکر نکلنے پر جو تمغے ملے وہ بھی نوابوں کے نام سے موسوم تھے یعنی ایک نواب عماد الملک گولڈ میڈل جو امتحان میں شریک ہونے والے سارے طلباء میں جو اول آئے اس کو دیا جاتا تھا اور دوسرا نواب اکبر جنگ میڈل جو اس اسکول کے طلباء میں اول آنے والے کو ملتا تھا۔ انہوں نے نظام کالج سے انٹرمیڈیٹ کیا اور گریجویٹ نہ ہونے پائے تھے کہ سرکاری وظیفہ پاکر تکمیل تعلیم کے لیے انگلستان بھیجدیئے گئے۔ وہاں انہوں نے انجینیری کی تعلیم حاصل کرنے کے لیے کوپرس ہل کالج میں داخلہ لیا۔ جہاں انہیں کئی تعلیمی اعزاز ملے۔ وہ آخری امتحان میں سب سے اول رہے۔ ان کا ابتدائی تقرر مددگار انجینیر شاخ آبکاری کی حیثیت سے ہوا اور محبوب نگر

میں متعین ہوئے۔ تین سال گلبرگہ۔ میدک اور ورنگل میں اسی خدمت پر رہ کر ۱۳۱۲ف میں کار خاص پر حیدرآباد آئے۔ کچھ عرصے صفائی کے سپرنٹنڈنٹ بھی رہے۔ پھر سر جارج کیسن واکر نے مددگار صدر محاسب شاخ تنقیح تعمیرات بنالیا۔ یہ وہ زمانہ تھا جب واکر صاحب ان کے بڑے قدرداں اور یہ اُن کے بڑے مداح تھے۔ چند سال بعد جب ان کی قابلیت کے جوہر کھلنا شروع ہوئے تو ؎

جن پہ تکیہ تھا وہی پتے ہوا دینے لگے

بہرحال میر احمد علی کو تعمیرات کے حساب وکتاب کی عملی تنقیح سے واقفیت کا موقع مل گیا جو آگے چل کر ان کے بہت کام آیا۔ تعمیرات کا تعلق اس زمانے میں فینانس کے معین المہام ہی سے تھا۔ سر کیسن واکر اپنا کماؤ پوت مال کے محکمے کو اور اڑاؤ پوت تعمیرات کو سمجھتے تھے۔ ۱۳۱۷ف میں مرحوم اسسٹنٹ سپرنٹنڈنگ انجینئر شاخ عام کے عہدے پر پہنچ گئے۔ اسی سال پھر شاخ آبپاشی میں مماثل عہدے پر آگئے۔ طغیانی رود موسیٰ کے بعد سے ان کی غیر معمولی قابلیت کا اظہار ہونے لگا اور وہ اپنے شفیق کی آنکھوں میں کھٹکنے لگے۔ اس کا بڑا سبب یہ ہوا کہ جب سر کیسن واکر نے طغیانی کا سدباب کرنے کے ذرائع پر غور کرنے کے لیے ایک کمیٹی تجویز کی تو اس کے صدر کی حیثیت سے انہوں نے سر مائیکل نیتھر سول کو جو اس وقت گورنمنٹ آف انڈیا کے انسپکٹر جنرل آبپاشی تھے بلانا چاہا۔ جس انگریز کے رعب وداب کی تصویر ظفر علی خاں نے یوں کھینچی ہو کہ ؎

نہ بنگالی کی پروا کر، نہ مدراسی کی پروا کر
مگر سجدہ میں جھٹ جھک جا نظر آجائے جب واکر

کسی کی رائے سے اختلاف کرنا وہ بھی ایک ہندوستانی ماتحت کا بڑے دل گردے کا کام تھا۔ سر ویشویشوریا ایر چونکہ گورنمنٹ آف انڈیا کے پیش نظر تھے اس لیے ان کی خدمات تو اس کمیٹی کی صدارت کے لیے حاصل کرلی گئیں مگر میر احمد علی کی طرف سے ڈاکٹر صاحب کی آنکھیں پھر گئیں۔ اس کمیٹی میں میر احمد علی کو اپنی خداداد ذہانت اور فنی لیاقت کے دکھانے کا پورا پورا موقع مل گیا۔ سر ویشویشوریا ایر کے وسیع نقطۂ نظر اور میر صاحب کی جانفشانی اور لوکل معلومات کی مرہون حیدرآباد میں وسیع سڑکیں گنڈی پیٹھ اور حمایت ساگر اور Drainage کی اسکیم ہے اس سب کی تکمیل کا سہرا علی نواز جنگ کے سر رہا اور ان کو اہل فن نے دل کھول کر مبارک باد دی۔ ۱۳۴۰ف میں وہ سپرنٹنڈنگ انجینیر ہوئے۔ جب چند ماہ بعد مولوی کاظم علی صاحب وظیفہ پر علیحدہ ہوئے تو ان کی جگہ معتمدی تعمیرات کا جائزہ دلا دیا گیا۔ مسٹر میکنزی اس وقت حیدرآباد کے چیف انجینیر تھے۔ ان کو ان سے بڑا خدشہ لگا رہتا تھا اور وہ اس بات کو پوری طرح سے جاننے لگے تھے کہ یہ ضرور آگے بڑھے گا۔ پھر بھی انگریز کی بڑائی قائم رکھنے کے لیے مسٹر میکنزی کی جگہ جب وہ ریٹائر ہوئے تو مسٹر گوئیتھر کو جو پنجاب کی چیف انجینیری کے عہدے سے ریٹائر ہوئے تھے بلا لیا گیا۔ موت نے ان کو علی نواز جنگ کے راستہ سے ہٹا لیا۔ ۱۵ آبان ۱۳۲۷ف کو انہیں معتمدی اور چیف انجینیری کی دونوں خدمتیں انجام دینا پڑیں۔ صرف خاص کے محکمہ تعمیرات کا تعلق ان سے پہلے ہی تھا۔ اب دونوں علاقوں کا سررشتہ تعمیرات

اُن کے تحت میں ہوگیا ۔ اس دوران میں سر اکبر حیدری بھی فینانس کے
صدرالمہام ہوگئے ۔ ریذیڈنسی خوب جانتی تھی کہ یہ دونوں بلند حوصلے رکھتے ہیں
اور اپنے اپنے فن میں ید طولےٰ اور دونوں کے پیچھے ہوا خواہوں ۔ شہرت کا
ڈھول پیٹنے والوں اور موقع پرستوں کا خاصہ گروہ ہے ۔ اس لیے تقاضائے
مصلحت یہی تھا کہ دونوں کو لڑا دیا جائے ۔ دونوں کی آؤ بھگت ریذیڈنسی میں
ہوتی رہی ۔ سر اکبر یہ سمجھتے تھے کہ تجوری کی کنجی میرے ہاتھ میں ہے اور وہ
سمجھتے تھے .... کہ مستقل آمدنی بڑھانے والا انجینیر ہی ہے۔
اس لیے اس کا مرتبہ بلند ہے ۔ اگر دونوں یکدل ہوجاتے تو حیدرآباد میسور
سے کہیں آگے نکل جاتا ۔ سامراجی دور اندیشی نے ان دونوں کو ملنے نہ دیا
اور دونوں کا سر سہلاتی رہی ۔ دونوں میں فرق یہ تھا کہ حیدری صاحب اپنا
مقصد سامنے رکھ کر اس کے حصول کے لیے گربہ مسکین بن جاتے تھے اور
اِن کی شیرانہ گرج کبھی رُکتی ہی نہ تھی ۔ جب حیدری صاحب پر سرکار عظمت
مدار کی نوازشیں بڑھیں تو یہ اقتدار اعلیٰ کے نمائندے سے پوچھ ہی بیٹھے کہ
گورنمنٹ آف انڈیا میرے خلاف کیوں ہے ۔ اہل فہم کی نظر میں سوکھے ساکھے
خطابوں سے کہیں زیادہ وہ اعتراف لیاقت ہے جس کا ثبوت یہ ہے کہ
گورنمنٹ آف بمبئی نے جب "سکر بیاریج" کی اصلاحات و تخفیف مصارف
پر مشورہ دینے کے لیے کمیٹی مقرر کی تو ان کو اس کا ممبر بنایا ۔ ۱۹۳۵ء میں
جب کانگریس نے ہندوستان کی اقتصادی ترقی کے سلسلے میں پلاننگ
کمیٹی مقرر کی تو اس میں ان کو لیا ۔ اور آبپاشی اور طغیانی کی انسدادی سب کمیٹی

کا صدر ان کو بنایا۔

وہ جوہر شناس بھی تھے اور ماتحت نواز بھی لیکن اختلاف رائے برداشت نہیں کرسکتے تھے چاہے اس کو جاگیری ماحول کا پیدائشی نقص سمجھو یا یہ کہہ لو کہ وہ اپنی رائے کو اتنا صائب اور صحیح سمجھتے تھے اور اپنے دماغ پر اتنا بھروسہ کرتے تھے کہ جو تدبیر ان کے ذہن میں آتی تھی اس میں غلطی کا امکان ہو ہی نہیں سکتا۔ مانحتین میں سے مسٹر فاروقی اور سجاد مرزا مرحوم ان کے بہت منہ چڑھے تھے۔ گتہ داروں میں نورتن داکس اور نتھولال جو ان کی مرضی پہچان گئے تھے۔ انہیں حاضر باشی کے موقعے ملتے رہتے تھے۔ ایک صاحب اور تھے حاکم علی خاں جو ورنگل میں گتہ داری کرتے تھے اور وہ اپنے اوپر علی نواز جنگ کی مہربانیوں کا اتنا مبالغہ کیا کرتے تھے کہ ان کا نام ہی "پلاڈ" پڑ گیا تھا۔ مرحوم نے آصف جاہی خاندان کے اقتدار اور عوام کی بہبودی کو ہمیشہ عزیز رکھا اور ملک کی بھلائی کو مقدم سمجھا لیکن لایق گورنمنٹ کے زمانے میں جو ان کی بے قدری ہوئی اور ان کو روحانی دکھ پہنچایا گیا۔ اس کے متعلق صرف اتنا ہی اشارتاً کافی ہے کہ ؎

لیجئے اب وہ بھی کہتے ہیں بُرا
ہم بنے سب سے بنے جن کے لیے

ان کی تفریح کا شغل صرف برج تھا جس کو وہ بہت پابندی سے کھیلا کرتے تھے۔ انہوں نے بنجارہ ہل پر ایک خوبصورت ماڈرن ڈیزائن کا مکان بنالیا تھا۔ اسی میں ان کی عمر کا آخری حصہ گذرا۔

مجھے ایک پُرلطف قصہ یاد آگیا۔ ایک مرتبہ کونسل کے اجلاس میں کسی فنی معاملے پر سر اکبر نے علی نواز جنگ پر اعتراض کرنا شروع کردیا۔ اس پر انہیں طیش آگیا اور کچھ ایسی باتیں کہیں جو مخالف تو مخالف دوست کو بھی ناگوار گزرتیں۔ پھر تو دونوں میں خوب چلی۔ تحریری جوابوں اور جواب الجوابوں کے ساتھ جب یہ مثل پھر کونسل میں مہاراجہ بہادر کے سامنے آئی تو وہ کچھ شش و پنج میں پڑگئے۔ ایسے جھگڑے انہیں ناگوار گزرتے تھے۔ غم و غصے کا اثر مہاراجہ بہادر کے چہرے پر دیکھ کر لطف الدولہ نے جو اس زمانہ میں تعمیرات و فوج کے صدرالمہام تھے، ایک پرچہ پر "این دفتر بے معنی" لکھ کر ان کی طرف بڑھا دیا۔ مہاراجہ بہادر مسکرائے اور حکم دیا کہ کشتی لاؤ۔ کشتی آئی تو انہوں نے اس میں مثل رکھ کر دیا سلائی بتادی اور ان دونوں سے کہا کہ آئیے دونوں کو گلے ملادوں۔ مہاراجہ بہادر کی اس ترکیب کا ان دونوں پر کچھ ایسا اثر پڑا کہ دل میں جو کچھ ہو۔ پھر لڑائی کی نوبت نہ آئی۔

حیدرآباد میں عثمان ساگر، حمایت ساگر، ورنگل میں ویرا دیلیر، نظام آباد میں نظام ساگر، کریم نگر میں مانیر، ضلع پربھنی میں پورنا اور دہلی میں حیدرآباد ہوس ان کی یاد تازہ رکھیں گے۔ انہوں نے اپنے انجینیروں میں ایک خاص اسپرٹ پیدا کی اور ایسے لوگ پیدا کردئیے کہ سررشتہ مال اور پولیس کی طرح تعمیرات میں پھر انگریز کو مسلط کرنے کا موقع اغیار کو ہاتھ نہ آسکا۔

مہاراجہ سرکشن پرشاد

گذرے ہوئے مشاہیر، مفکرین اور انشاء پردازوں کی زندگی کے صحیح مطالعہ کے لیے تاریخی تصور اور اخلاقی شعور کی بے حد ضرورت ہے۔ بغیر اس ماحول کا تجزیہ کیے ہوئے جس میں انہوں نے جنم لیا اور اُن کے خیالات اور احساسات نے تربیت پائی۔ یہ سمجھنا دشوار ہے کہ ان کے تڑپتے ہوئے دِلوں کے نغمے، مچلتی ہوئی روح کی بیتابیاں اور طبیعتوں کی شوخیاں اپنے زمانے کو اپنے میں کیوں کر سمیٹ لیتی ہیں اور پھر اُن کی لے میں سارا ماحول کیوں کر نغمہ سرا ہوجاتا ہے۔ ان کے خیالات کے اظہار کے طریقوں میں ان کے زمانوں کی کیفیتیں موج زن ہوتی ہیں۔ دماغ، زبان، طبیعت، سب اسی ماحول کے رنگ میں رنگ جاتے ہیں۔ انفرادیت کے انتہاء پسند موقعے تک بھی اپنی لذت پرستی یا ترکِ دنیا کی کیفیات میں اپنے ماحول سے یک لخت جدا نہیں ہوسکتے۔ وہ اپنے زمانہ کے چشموں ہی سے پانی پاتے ہیں اور زماں و مکاں کے آب و گل سے ان کی سرشت کی تکمیل ہوتی ہے۔ زمانہ کا تمدن و تہذیب ان کی انفرادی کاوشوں کے موتیوں سے سج بن کر آراستہ ہوتا ہے۔ فکر و تصور کے نئے میدان

نکل آتے ہیں اور نئی باتیں آئندہ کی روایتوں میں جانے کے لیے اُبل پڑتی
ہیں لیکن اس سب کے باوجود بھی وقت کا سب سے بڑا انقلابی تنک
اپنے وقت کا فرد ہی رہتا ہے۔

مہاراجہ سرکشن پرشاد بہادر ۱۸۶۴ء میں پیدا ہوئے تھے۔ اُن کے
خاندان کی وابستگی مغلیہ دربار سے اکبر اعظم کے زمانے سے تھی۔ مہاراجہ
بہادر کی ولادت سے صرف سات سال پہلے مغلیہ تاریخ کا باب ختم ہو چکا
تھا اور بہادر شاہ ظفر کو اس کے جان و جگر فرزندوں کے سروں کو بطور
آخری نذر کے اس کے دربار میں پیش کر کے رنگون پہنچا دیا گیا تھا حالانکہ دہلی
کے لال قلعہ سے حیدر آباد کو کوئی تعلق نہ تھا۔ اور اس نے سولہ آنے انگریز
کا ساتھ دیا تھا۔ پھر بھی طبیعتوں میں یہاں بھی ایک ہیجان تھا۔ مہاراجہ
بہادر کا بچپن اُس دور میں گزرا جس میں حیدر آباد کی مدح سرائیاں
کلکتہ سے لے کر لندن تک ہوتی تھیں اور سالار جنگ اول کو سر پر بٹھایا
جاتا تھا۔ ابھی مہاراجہ کشن پرشاد جوان بھی نہ ہوئے تھے انہوں نے
انہیں سالار جنگ کے خلاف سر رچرڈ میڈ کو حیدر آباد کی ریذیڈنٹ کی
حیثیت سے پروپگنڈا کرتے دیکھ لیا۔ بچپن کے یہ نقوش آخری وقت
تک قائم رہے اور انہوں نے ریذیڈنٹ اور دوسرے انگریزوں کو اپنا
معاون مددگار بنائے رکھا۔ کشن پرشاد جب سن شعور کو پہنچے اُسی وقت
سے اُن کی زبان پر گیتا اور قرآن اور دل میں میلا اور بھگوان رہے
انہوں نے گیانیوں کے ساتھ آسن مار کر ہری ہر کی سمرن بھی جپی اور

صوفیوں کے ساتھ دوزانو ہو کر اللہ ہو کی ضربیں بھی لگائیں ؎

شاد کا مذہب شاد ہی جانے

آزادی آزاد ہی جانے

ان کا شاعرانہ تخیل نہ تھا بلکہ ان کے مشرب کا حقیقی اور واقعی اظہار اُن کی حسن پرستی آگے چل کر خدا پرستی کا زینہ بنی۔ ان کا مسلک ہمیشہ شاہ پرستی رہا اور رعایا پروری ان کا ایمان۔ موسیقی و تصوف دونوں سے اُنہیں لگاؤ تھا۔ اگرچہ وہ خود گاتے نہ تھے مگر راگ راگنی سے پوری طور پر واقف تھے۔ اور مخصوص محفلوں میں وہ بہکتے ہوئے فن کار کو ٹوک بھی دیتے تھے۔ وہ خوش نویس بھی تھے اور زود نویس بھی اور اس کی مشق برابر جاری رکھتے تھے۔ ان میں وقار بھی تھا اور انکسار بھی۔ کبھی رندانہ شوخی تو کبھی فلسفیانہ متانت۔ اُن کی یار باشی ہمیشہ یار نوازی کا پہلو لیئے رہتی تھی۔ دھیان گیان میں بھی ان کا وقت گذرتا تھا اور لہو لعب میں بھی لیکن ان کے دربار کے آداب و دستور اور اُن کی خودداری، اوباشی اور سفلہ پروری کو راہ نہ دیتی۔ یہی ان کی انکساری اُن کی گردن فرازی کو آگے لے کر چلتی تھی۔ وہ جھک کر اپنے عز و وقار کی مہر دل پر لگاتے تھے۔ ان کے دربار کے کر و فر کے اظہار اور جاہ و تمکنت کی نمایش کے ساتھ ان کی منکسر المزاجی نے صوفیت کے رنگ میں ڈوب کر انہیں ایک حیرت انگیز شخصیت بنا دیا تھا۔ صوفیت کا راستہ انہوں نے جوانی سے اختیار کر لیا تھا۔ اس میں اگر امارت و وزارت

داخل نہ ہو جاتی تو ذرا شبہ نہیں کہ وہ ایک سچے بھگت اور نیک بندوں میں داؤد، رائے داس اور تکارام ایسے بزرگوں کی صف میں ہوتے۔

وزارت کی حد بندیاں

کسی ہندوستانی ریاست کے وزیر کو اس معیار سے جانچنا جس سے کہ ایک آزاد ملک کے وزیر کو پرکھا جاتا ہے بڑی غلطی ہے۔ اس کی سیاسی اہمیت کتنی ہی بڑھی چڑھی کیوں نہ ہو۔ اس کی نگاہ کتنی ہی وسیع کیوں نہ ہو اور اس میں قوت عمل بدرجۂ اتم ہی کیوں نہ ہو اس کا میدان عمل صرف وہی دائرہ ہوتا ہے جس کو انگریز سرکار بنا دے۔ ان بے کسی اور بے بسی کی زنجیروں کو جس میں ایسی ریاستیں بندھی ہوئی تھیں پیش نظر رکھتے۔ جب ہم مہاراجہ کشن پرشاد کی سیاسی زندگی دیکھتے ہیں تو وہ ہمیں ایک قطعی کامیاب کارفرما نظر آتے ہیں۔ باوجود انگریز دوستی اور شاہ پرستی کے وہ پولیٹکل لیڈروں سے ملتے ہوئے جھجکتے نہ تھے۔ سر محمد اقبال سے تو شاعرانہ برادری کے تعلقات تھے۔ انہوں نے مولانا محمد علی سے بھی ملنے میں دریغ نہیں کیا۔ اور جب کبھی مولانا حیدرآباد آئے اور اُن سے ملنے آئے تو حیدرآباد سے جاتے وقت مہاراجہ بہادر اُن کو اپنے پرائیویٹ سکریٹری کے ہاتھوں ناشتے اور تحفے بھیجے۔ مہاتما گاندھی سے بھی انہوں نے خط و کتابت کی اور سوت بھی کاتنا شروع کیا۔ اُن کی سب میں بڑی خوبی یہ تھی کہ ان کی سیاسی ہی نہیں بلکہ خانگی زندگی میں بھی نہ وزارت سے پہلے نہ وزارت کے بعد ہندو مسلمان کا سوال آیا۔ جب بیرونی تحریکیں حیدرآبا

میں آئیں تو انہوں نے کہا کہ

"تم دریائے راوی میں طوفان پیدا کرلو مگر موسیٰ اور عیسیٰ
ندیوں کے سنگم میں افتراق پیدا نہیں کرسکتے۔"

ان کے نزدیک ملکی اور غیر ملکی کا تصور مذہب اور مسکن کی بنا پر نہ تھا۔ وہ فرماتے تھے کہ:

"جو ملک کی خدمت اہلیت، دیانت اور درد سے کرے
وہ سچائی ہے۔ جو ذاتی اغراض کو ملک کے مفاد پر ترجیح دے
وہ ملکی بدترین غیر ملکی ہے۔ یہ بھی کسوٹی ہے جس پر میں
شخصوں کو کستا ہوں۔"

وہ دورِ حاضر کی آزادی کو "فراغت کی مشتِ خاک اڑا دینے والی آزادی" کہتے تھے۔ انہوں نے آزادی کا یہ تصور پیش کیا ہے۔

"دراصل سچا آزاد وہی عالی حوصلہ خوش وقت بلند بخت
بندہ ہے جو صفت راستبازی اور راستی سے متصف ہو۔
اور تمنا نیز طمع وحرص کو اپنے دل سے دور کرچکا ہو۔"

مذہبی عقائد مہاراجہ بہادر کے مذہب کے متعلق جتنے منہ اتنی باتیں ہیں۔ کوئی ان کو کبیر پنتھی کہتا ہے کوئی نانکی کوئی ملحد کوئی بھرشٹ۔ کوئی رفاعی سمجھتا ہے کوئی قادری۔ کوئی چشتی کوئی صابری۔ اس معاملہ میں مہاراجہ بہادر نے خود ایک شعر لکھا ہے۔ ؎

میں آئینہ ہوں نظر مجھ سے جو ملاتا ہے
وہ جیسا آپ ہے ویسا ہی مجھکو پاتا ہے

مجھے پندرہ سولہ برس مہاراجہ بہادر کو بہت قریب سے دیکھنے کا موقع
ملا ہے۔ میں ان کے صبح کے دربار میں اکثر حاضر ہوتا تھا۔ وہ مجھے انگریزی
اور ہندوستانی دعوتوں میں بھی شریک فرماتے تھے اور رقص وسرودگی
محفلیں بھی میں نے دیکھی ہیں۔ البتہ مشائخین کی صحبت اور قوالی کے جلسوں
کی شرکت میری قسمت میں نہ تھی۔ ان صحبتوں کا بھی وہ اکثر تذکرہ فرماتے
تھے۔ انہیں اس بات کا اعتراف تھا کہ انہوں نے دو مشائخین سے بیعت
کی تھی اور وہ فقراء کے بہت معتقد تھے۔ لیکن وہ صاف کہتے تھے کہ میں
مسلمان نہیں ہوں اور اپنے آبائی مذہب پر ہوں۔ وہ ہر مذہب کے متعلق
خاصی معلومات رکھتے تھے۔ انہیں اپنے سورج بنسی کھتری ہونے پر فخر تھا۔
اکثر دیکھا گیا ہے کہ بیٹا اگر اپنے باپ سے بہت بڑھ جائے یا کسی امیر خاندان
میں تبنیٰ چلا جائے تو وہ اپنے بزرگوں کا نام لیتے ہوئے ہچکچاتا ہے۔ مگر
مہاراجہ بہادر جہاں اپنے نانا راجہ نریندر پرشاد کا ذکر کرتے تھے اور ہمیشہ
انہیں محبت سے یاد کرتے تھے وہیں یہ بھی کہا کرتے تھے کہ فقیر تو سپاہی زادہ ہے
اور اپنے دادا راجہ ہری کشن جو نظم جمعیت میں سررشتہ دار تھے ان کا تذکرہ بھی محبت اور احترام
سے کرتے تھے۔ پہلی وزارت کے زمانہ ہی سے انہوں نے متوسط درجے کے
لوگوں کا احترام اور ان کے یہاں شادی وغمی میں شریک ہونا شروع کردیا
تھا۔ جیسا کہ جاگیردارانہ نظام میں ہوتا چلا آرہا تھا کہ مسند شاہی سے
جبینیں رگڑ کر امراء عظام پردے کے باہر نکلتے ہیں اس سے زیادہ
نیازمندی کرانے کی آرزو رہتی تھی جس کا وہ اظہار کرکے ڈیوڑھی سے باہر

نکلتے تھے اور متوسط درجہ کے لوگوں سے ہاتھ ملانا کسرشان سمجھتے تھے لیکن اگر کوئی شخص بادشاہ کی نظر پر چڑھ جائے تو وہ کسی درجہ کا کیوں نہ ہو اس کو اپنانے میں کوئی کسر اٹھا نہ رکھتے تھے۔ جب تک انعام واکرام کی بھرمار ستارِ عجوبی کرتی رہی یہ کج خلقی امیر کی پشتینی درباری وخاندانی طریقوں کی بقاء کے لیے ضروری سمجھی جاکر برداشت کرلی جاتی تھی۔ لیکن انگریزوں کو معمولی معمولی انگریزوں کے ساتھ چلانے سے امراء کو تاصر دیکھ کر ہندوستانی کو بھی غیرت آئی اور غیور طبیعتوں کو یہ فرق کھلنے لگا۔ تو بیشتر امراء وجاگیردار۔ خودار اور خود کردار لوگوں کی صحبت سے محروم ہوگئے۔ مہاراجہ بہادر نے بدلتے ہوئے زمانہ کو سمجھ لیا اور انہوں نے اپنے دوستوں کی تعداد متوسط درجہ کے لوگوں میں بڑھانا شروع کی اور انہوں نے اپنا اخلاق اتنا بلند کرلیا کہ بعض مخصوص لوگوں کو وہ خود پان بنا کر دینے لگے۔ اور مجمع عام میں امراء اور بڑے آدمیوں کو چھوڑ کر کم درجہ کے لوگوں میں کھلم کھلا ملنے لگے۔ جس نے ایک طرف تو ان کے احترام کو بڑھایا۔ اور دوسری طرف ایک ایسا گروہ پیدا کردیا جو ان کی وزارت سے علیحدگی کے بعد بھی ان کی طرف بڑھتا رہا اور ان کو سر آنکھوں پر بٹھاتا رہا۔

وزارت کے بعد پہلی وزارت کی علیحدگی کے بعد مہاراجہ رواج کے مطابق خانہ نشین نہیں ہوئے۔ بلکہ انہوں نے ہندوستان کا سفر کیا اور تاسف ماضی فکر امروز اور اندیشۂ فردا سے بے نیاز ہوکر انہوں نے اپنی زندگی میں شام غربت کا ہولناک تصور پیدا ہونے ہی

نہیں دیا۔ جوانی کی صوفیوں کی صحبت نے ان کے سرور کو جام وسبو سے مستثنیٰ رکھا۔ جو روش انہوں نے اختیار کی اس میں شعر وسخن کی محفلیں بھی تھیں اور حال وقال کی بھی۔ ایسا معلوم ہوتا تھا کہ وہ دنیا کے رد بزوال حشمت سے ناتا توڑتے ہوئے فقر وقناعت کی لازوال دولت کے حصول میں اپنا تن من دھن لٹائے چلے جا رہے ہیں۔ تصرفات روحانی کے زینے طے کر کے وہ بھگتی اور شانتی کے بام پر پہنچنے والے تھے کہ دنیا ان کے پیروں سے پھر لپٹ گئی۔ ہیجانی دور میں وہ مدار المہامی سے سبکدوش ہوئے تھے اِس سے زیادہ پر آشوب زمانہ میں انہیں اپنے ضعیف کاندھوں پر صدارت عظمیٰ کا بوجھ اٹھانا پڑا۔ جس وقت انہوں نے نواب وقار الامراء سے مدار المہامی کا جائزہ لیا اس وقت رعایا بے حس۔ متوسط درجہ خوشحال اور امراء مالا مال تھے۔ صرف حکومت کی گتھیاں الجھی چلی جا رہی تھیں اور چند چوٹی کے عہدہ داروں میں رسہ کشی تھی اور بادشاہ اور وزیر کے تعلقات میں ہم آہنگی نہ تھی لیکن جس زمانہ میں انہوں نے نواب وقار الامراء کے بیٹے نواب ولی الدولہ سے صدارت عظمیٰ کا جائزہ لیا اُس وقت عوام میں سیاسی بیداری پیدا ہو چلی تھی مودت اور عقیدت کی باگیں ڈھیلی پڑنا شروع ہو گئی تھیں جو دوستی کی حکایتیں ہی حکایتیں رہ گئی تھیں اور دولت اِدھر اُدھر سے سمٹ کر ایک جگہ جمع ہو رہی تھی۔ ان کے برسر اقتدار ہوتے ہی ایک خاص گروہ کو چھوڑ کر سب نے مسرت کا اظہار کیا۔ سر محمد اقبال نے یہ قطعہ لکھ کر مہاراجہ کو روانہ کیا:۔

صدر اعظم گشت شاد نکتہ سنج
ناوک او دشمنان را سینہ سفت
سال این معنی ہمہ تن غیب دان
جان سلطان ہمہ کشن پرشاد گفت

یہ کہنا مشکل ہے کہ مہاراجہ بہادر اس لگی آگ کے بجھانے میں کامیاب ہو گئے۔ لیکن انہوں نے اس کو اپنے قابو میں رکھا اور شعلے بھڑکنے نہ دیئے آج سے بیس برس پہلے انہوں نے فرمایا تھا کہ یہ زمانہ پدرم سلطان بود کی قدر کرنے والا نہیں ہے۔ مجھ کو اندیشہ ہے کہ جاگیرداروں کا طبقہ ایک بڑے خطرے میں ہے۔ جاگیرات کی اصلاح حال کی طرف عدم توجہ اور کارپردازوں پر انتظام کا انحصار رعایا سے اجنبیت اور محصول مالگزاری کی درستی کسی نہ کسی وقت اپنا رنگ لائے گی اور اب بھی بدیہی نتائج کچھ کم رونما نہیں ہیں کہ جن کا جاگیرداروں کو سامنا کرنا پڑ رہا ہے۔

گھریلو زندگی

اخلاقیات کی بہتر سے بہتر پوشاک انسان کو پہنا دو مگر اس کے اندر وہی پرانا گندم، حوا اور شیطان والا آدم رہے گا۔ مہاراجہ کی جنسی زندگی پر نظر ڈالنے کے بعد یہ کہنا پڑتا ہے کہ فطرت نے ان پر بڑا ظلم کیا تھا کہ ان کے دل میں درد بھر کے امیر گھر میں پیدا کر دیا۔ جس ماحول میں وہ پیدا ہوئے اس میں صدیوں پہلے یک زوجگی کے مدفن پر عورت کے حیات رقابت چڑھائے جا چکے تھے اور کثرت ازواج کا دور دورہ تھا۔ رانیوں اور بیگموں کے علاوہ حرم اور داشتہ امیری کے

لوازمات تھے۔ یہ تو عیش پرستی کے وہ سامان تھے جو محل کی چار دیواریوں
میں مقید اور محض تنہائی کے تھے۔ محفل احباب میں بیٹھ کر امراء کی جنسی
کثرت پسندی کی ہوس بجھانے کے لیے ارباب نشاط تھے۔ ظاہر ہے کہ ایسا
ترہ جنسی عیش پسندی کے دائرے سے نکل کر محبت کے پاک حدود میں داخل
نہیں ہو سکتا۔ محبت۔ برابری۔ احترام اور قربانی ایک طرف سے نہیں بلکہ
دونوں طرف سے چاہتی ہے لیکن جہاں عورت کو اثاث البیت سمجھا
جائے۔ جہاں عفت و عصمت کے نگہبان قید و بندش میں ہو۔ التفات
و مراعات نفسانی خواہش کے خاطر ہو اور طبیعت پر عیش پرستی غالب ہو
وہاں محبت کا قدم کیسے درمیان میں آسکتا ہے۔ اس کلیے کے خلاف اپنی
فطرت سے مجبور ہو کر مہاراجہ نے اپنے ماحول اور امیروں کے طرز عمل کے
خلاف کیا مگر پوری زنجیریں نہ توڑ سکے۔ انہوں نے خود کو حرم اور داشتاؤں
سے محروم رکھا مگر کئی شادیاں کیں۔ محبت کی وہ برابر تقسیم میں کامیاب ہوئے
ہوں یا نہ ہوئے ہوں مگر جہاں تک عزت و احترام کا سوال ہے انہوں نے
اپنی شریک زندگی کو برابر سے اور اپنی ہر محل کی اولاد کو سینے سے لگا کر رکھا
یہ کہنا بے جا نہ ہوگا کہ انہوں نے حسن و عشق کی امیرانہ زندگی میں اپنے
دردمند دل کے ہاتھوں خلوص و محبت کا رنگ بھر کر انسانیت پیدا کر دی
تھی۔ جاگیردارانہ نظام کے تحت جس طرح مقررہ اوقات پر نوبت جھڑتی
ہے اور شہنائی بجتی ہے اسی طرح کی صحبتوں میں رقص و سرود ایک دستور
سا ہے۔ اس دستور کی پابندی مہاراجہ کے یہاں تھی۔ چونکہ مہاراجہ نے

موسیقی کو خود بھی آرٹ کے طور پر سیکھا تھا اور انہیں پرانے رقص سے بھی واقفیت تھی۔ اس لیے اس کے واقف کاروں سے بھی انہیں دلچسپی تھی۔ وہ اس کی قدر کرتے تھے۔ اگر نغمہ دلکش ہے اور الفاظ پر معنی تو ان پر خاص اثر ہوتا تھا اور ان کے دل کی کیفیت ان کے چہرے سے نمایاں ہو جاتی تھی ایک دو مرتبہ ایسا بھی ہوا کہ ان پر سخت رقت طاری ہو گئی۔

ادب کی محفل ہو یا رقص و سرود کی یا عام دربار۔ ہر طرح کی محفل میں انہیں آداب محفل کا بہت خیال رہتا تھا اور وہ خود بھی اس کی پابندی کرتے تھے اور ان صحبتوں میں شریک ہونے والے کچھ نہ کچھ سیکھ کر اٹھتے تھے۔ ضلع جگت اور پھبتیاں بھی ہوتی تھیں مگر شائستگی کا پہلو لیے ہوئے۔ گویا ایسی محفلیں پرانی تہذیب اور آرٹ کی تھیں نہ کہ عیش و مستی کی۔

فیاضی اور سیر چشمی مہاراجہ بہادر کی سب سے زیادہ مسرت دوسروں کو مالی مدد پہنچانے میں تھی۔ وہ دونوں ہاتھوں سے خیرات بانٹتے ہوئے آگے بڑھتے اور یہ ان کا روز کا دستور تھا اور غربا ان کو بچے والا مہاراجہ کہتے۔ اس طبقے کے علاوہ سائل ان کی ڈیوڑھی پر بھی جمع ہو جاتے اور عرائض پیش کرتے۔ اس پر بھی وہ کچھ نہ کچھ ضرور دیتے۔ بعض لوگ شادی۔ بیاہ۔ بیماری۔ موت کے موقعہ پر ان سے مدد کے طالب ہوتے ان کو بھی وہ بغیر دیئے واپس نہ کرتے۔ متوسط درجہ کے جو اہل ضرورت ان کے پاس حاجت لے کر جاتے ان کو وہ اس طرح سے دیتے کہ لینے والے کو شرم نہ آئے۔ اپنے احباب کے یہاں شادی بیاہ۔ موت و غم میں خواہ

وہ کسی درجہ کا ہو، جاتے اور اس طرح سے مدد کرتے کہ مدد نہیں بلکہ تہوار معلوم ہوتا۔ ان کی اس سخاوت کی وجہ سے انہیں ہمیشہ پیسے کی تکلیف رہی۔ وہ ہر چیز میں کمی کرنے کو تیار تھے مگر اپنی داد و دہش میں فرق آنے نہیں دیتے تھے! ان کے خزانے سے ہو یا ساہوکار کے یہاں سے قرض آئے انہوں نے کبھی اپنا ہاتھ روکا نہیں۔ ان کے دربار میں چند روز حاضر ہونے کے بعد ہی یہ خود بخود معلوم ہو جاتا تھا کہ کون کس درجہ کا ہے۔ کسی کو لینے وہ سیڑھیوں تک آتے تھے۔ کسی کو اٹھ کر ریسو کرتے تھے۔ کسی سے کہتے تھے کہ آئیے آئیے بھئی۔ اتنے دنوں سے کہاں تھے۔ اس فرق کے باوجود بھی ان کا یہ برتاؤ کسی کو احساس کمتری نہ ہونے دیتا تھا بلکہ ہر شخص یہ سمجھتا تھا کہ اس پر خاص عنایت ہے۔ ایسے لوگوں کو بھی جن کے متعلق وہ جانتے تھے کہ ان کی حاضری کسی مالی مدد کی غرض سے نہیں ہے اور نہ اُن کو ضرورت ہے۔ پھر بھی کوئی نہ کوئی موقع تحائف دینے کا ڈھونڈھ لیتے تھے۔ وہ فارسی اور اردو دونوں زبانوں میں شعر کہتے تھے اور اس کا ان کو آخری وقت تک شوق رہا۔ اچھے سے اچھے شاعر اُن کے یہاں جمع ہوتے۔ اور متواتر مشاعرے ہوتے لیکن کبھی نوک جھونک کا موقع نہ آیا۔ اور وہ کبھی تعظیم و تکریم میں فرق نہ آنے دیتے۔ میں پندرہ بیس برس اُن کے مشاعروں میں شریک رہا لیکن کوئی ایسا موقع نہیں ہوا کہ کسی شاعر نے کسی اپنے مقابل پر اُن کے یہاں چوٹ کی ہو اور کوئی بدمزگی پیدا ہوئی ہو۔ یہی ان کا بڑا کمال تھا۔ ان کا رعب داب امارت کی وجہ سے نہ تھا بلکہ ان میں وہ جوہر تھے جو سب کی گردنیں خوف سے نہیں بلکہ محبت سے جھکوا لیتے تھے۔

پنڈت کیشور راؤ

پنڈت کیشور راؤ آنجہانی مرہٹواڑہ میں پیدا۔ کرناٹک میں جوان اور تلنگانہ میں سرگ باش ہوئے۔ انہوں نے تعلقہ بسمت ضلع پربھنی کے ایک گاؤں میں جنم لیا۔ ان کا بیاہ تعلقہ کلم ضلع عثمان آباد (جو اس زمانہ میں "دھاراسیو" تھا) کے دیسکھ پرتاب راؤ کی لڑکی کے ساتھ ہوا۔ پنڈت جی اس وقت صدر عدالت گلبرگہ میں ملازم تھے۔ وہیں انہوں نے فارسی، مولوی عبدالقادر صدیقی سے پڑھی۔ رائے بالمکند کا تبادلہ جب صدر عدالت گلبرگہ پر ہوا تو انہوں نے پنڈت جی کو اپنے دامن شفقت میں لے لیا۔ وہ خود اپنا وقت سماج، خصوصاً ہریجنوں، کی خدمت میں صرف کرتے تھے۔ یہ جذبہ ان کی صحبت میں پنڈت جی کو بھی پیدا ہوگیا۔ انہوں نے امتحان وکالت پاس کرکے گلبرگہ میں وکالت شروع کردی۔ اگر وہ چاہتے تو نہایت آسانی سے منصفی پر اپنا تقرر کراسکتے تھے مگر انہوں نے اپنے ذاتی اغراض سے ہمیشہ استغنائیت برتی اور سماجی کاموں میں لگے رہے۔ یوں تو پونہ پہلے ہی سے جسٹس رانا ڈے اور ان کے ہمخیالوں کی سماجی اور اخلاقی تحریکوں کا

مرکز تھا۔ بال گنگا دھر تلک نے کیسری اخبار نکال کر سارے مہاراشٹر میں ایک نئی روح پھونکی۔ بنگالی اور مرہٹہ قوم کی ذہنیت کا فرق انہوں نے یہ کہہ کر اجاگر کیا کہ مرہٹہ قوم نے پہلے مغلوں کی طاقت کو توڑا پھر انگریزوں کی بڑھتی ہوئی قوت کا مقابلہ کیا اور برٹش اقتدار کے آگے سر جھکانے سے پہلے مقدور بھر ان کو نیچا دکھانے کی کوشش کی۔ بنگالیوں نے اس انتقال اقتدار میں کوئی حصہ نہیں لیا بلکہ اس تبدیلی سے وہاں کے لوگ ایک حد تک خوش تھے پنڈت جی نے اس دور میں پونہ کے قومی کارکنوں سے ملنا جلنا شروع کیا۔ تلک مہاراج اس وقت اپنے ملک کی رہنماؤں کی کمزوریاں منظر عام پر لارہے تھے۔ ان کا کہنا یہ تھا کہ گردن پر سے جوا اتارنے کی ہمت اور طاقت نہ ہونا اور بات ہے لیکن اپنی تابعداری اور محکومیت پر اطمینان، خوشی، احسان مندی اور آسودہ خاطری کا اظہار ایک غیر فراموش کن غلطی ہی نہیں بلکہ ناقابل معافی گناہ ہے۔ اپنے پیدائشی حق سوراج کو حاصل کرنے کے لیے ہمیں سرگرمیاں دکھانا پڑیں گی۔ پنڈت جی نے اس سے بڑا سبق حاصل کیا۔ تلک مہاراج کی عظمت اور بزرگی کے معتقد رہتے ہوئے وہ گوکھلے کی ڈگر پر پڑگئے اور ترقی سے پھونک پھونک کر قدم آگے بڑھانا ہی اپنی قوم کے لیے مفید سمجھا۔ انہوں نے گلبرگہ میں خاموشی سے کام شروع کیا اور قومی روایات سے نوجوانوں کو واقف کرایا۔ وہ کانگریس کے سالانہ جلسوں اور مفید اداروں میں ہر سال جاتے اور واپس آکر یہاں نئی روح پھونکتے۔ ۱۹۰۵ء میں وہ حیدرآباد میں آگئے لیکن اپنے مقصد کو انہوں نے فراموش نہیں کیا۔ اپنے پیشے میں غیر معمولی

مقام حاصل کرنے کے باوجود قومی خدمت کو مقدم رکھا۔ انہوں نے ایسے دور
میں جب برٹش انڈیا میں بھی آریا سماجیوں سے ملتے جلتے لوگ ڈرتے تھے۔ اپنے
بیٹے کو گروکل کانگڑی بھیجا اور منشی رام جی (سوامی شردھانند) کے جو اپنی
کامیاب وکالت چھوڑ کر گروکل کے استادوں میں شریک ہوگئے تھے، کے
سپرد کر دیا۔ پھر انگلستان بھیجا۔ ان کا یہ لائق بیٹا آج کل حکومت حیدرآباد کی
فینانس کی وزارت سنبھالے ہوئے ہے۔

بیسویں صدی شروع ہونے کے پہلے ہی سے طاعون کی طرح سیاسی جراثیم
کو حیدرآباد میں داخل ہونے سے روکنے کی پوری پوری ناکہ بندی کی گئی۔
مگر وہ دونوں داخل ہو کر ہی رہے۔ چونکہ اورنگ آباد کے ایک طالب علم آننت
پھمن کھنڈری کا تعلق ناسک میں مسٹر جیکسن کے قتل سے پایا گیا۔ پھر تو یہ گرفت
اور بھی سخت ہوگئی۔ انہوں نے یہاں سیاسی ترقی کی راہ میں خواہ وہ کتنی ہی
نرم کیوں نہ ہو دیوار آہنی کھڑی دیکھی اس کو جس خوبصورتی کے ساتھ انہوں
نے دھیرے دھیرے ہٹایا۔ وہ پتھر میں جونک لگانا کہا جا سکتا ہے۔ حیدرآبادیوں
کی کمزور ذہنیت اور پولیس کے افسر اعلیٰ مسٹر ہینکنس کی قوت و ارادوں کا
انہیں پورا احساس تھا۔ اس لئے انہوں نے کسی تحریک خواہ سماجی ہو یا سیاسی
زور شور سے نہیں چلائی۔ عملی دنیا میں جذبات سے زیادہ انہوں نے دماغ سے
کام لیا۔ انہوں نے بے چینی پیدا کرنے سے قبل لکھے پڑھے پیدا کرنا ضروری
سمجھا۔ تعلیمی جدوجہد جب گلبرگہ اور حیدرآباد ایسے صدر مقاموں سے نکل کر
تعلقات میں پھیلی تو سید راس مسعود مرحوم کی نظامت تعلیمات کے زمانہ میں

چھوٹے چھوٹے تعلیمی اداروں تک کو سررشتہ کی نگرانی اور مقررہ نصاب تعلیم کی پابندی پر مجبور کیا گیا۔ اس وقت ان کے گرد ایک کافی جماعت جمع ہو گئی تھی۔ اور اس گشتی کی کھلم کھلا مخالفت کی گئی۔ مدارس کے علاوہ "دکن ہندو مہاسبھا"۔ "ہندو یتیم خانہ" اور انجمن انسداد بیرحمی جانوران قائم کرا چکے تھے۔ خلافت ایجی ٹیشن میں انہوں نے مسلمانوں کا ساتھ پوری قوت کے ساتھ دیا۔

جب شدھی اور تبلیغ کی وباء سارے ہندوستان میں پھیلی باوجود اس کے کہ وہ آریا سماج میں کافی دلچسپی لیتے تھے انہوں نے حیدرآباد کی فضاء کو مکدر ہونے نہیں دیا۔ جب گلبرگہ میں شورش شروع ہوئی تو علی امام نے اس کے ختم کرانے میں پنڈت جی سے بڑی مدد لی۔ انہیں پنڈت جی میں ایثار اور قومی درد کے ساتھ ساتھ ایک سکون اور وقار بھی نظر آیا۔ حضور نظام نے انہیں ۱۹۳۱ء میں رکن مجلس عالیہ عدالت کا جلیل القدر عہدہ عطا کیا۔

بہت سے نوجوان حیدرآباد کا خرچ برداشت کر کے آگرہ میں تعلیم حاصل نہیں کر سکتے تھے۔ ان کی سہولت کے لیے انہیں کی کوششوں سے جوڈیشل کا امتحان عدالت العالیہ میں جاری کرایا جس سے بہت سے لوگوں کے آگے بڑھنے کی راہ نکل آئی۔ بیڑ اور گلبرگہ کے فسادات کے بعد جو تحقیقاتی کمیشن مقرر ہوئے اس کا ان کو رکن مقرر کیا گیا۔

افسوس ہے کہ تیس سال میں جو انہوں نے ایک قومیت کی روح پھونکی اور مسلمان اور ہندوؤں کو دوش بدوش بڑھنے کی کوشش کی اس میں رخنہ اندازی ہوتی انہوں نے دیکھا۔ اگر ان کی عمر وفا کرتی تو وہ ملازمت

سے سبکدوش ہوکر قومی اور ملکی تحریک کی باگ اپنے ہاتھ میں لیتے۔ پنڈت جی کی بڑی خوبی یہ تھی کہ وہ پارٹی اسپرٹ کی بنا پر اپنے ساتھیوں کی غلطیوں کی تاویلیں نہیں کرتے تھے۔ انہوں نے دکن لا رپورٹ اور دوسری قانونی کتابیں اردو میں چھاپنے میں اپنا بہت پیسہ خرچ کیا۔ غریب، حاجتمند ہونہار طلباء کی وہ اپنی نگرانی میں تکمیل تعلیم کراتے اور خاصی رقم صرف کرتے تھے۔ ۱۹۰۵ء سے جو اسپرٹ انہوں نے پیدا کرنا شروع کی تھی وہ ۱۹۳۵ء میں اتنی مضبوط ہوگئی کہ پھر کوئی قوت اس کو دبا نہ سکی۔

نواب سر نظامت جنگ

آج سے سو سال پہلے روسو نے کہا تھا کہ "گو انسان آزاد پیدا ہوا ہے لیکن وہ ہر جگہ زنجیروں میں جکڑا ہوا ہے"۔ انسان کے دماغی ارتقاء نے ہر جگہ ان زنجیروں کے جوڑ کھول دیئے۔ انگریزی سامراج دماغی ارتقاء کو تو نہ روک سکا لیکن دیسی ریاستوں میں آزاد خیالی اسی حد تک آنے دی جو اس کی سامراجیت کی ہمنوا رہے۔ جب تک ہم اس جکڑ بندی کا بٹا ون نکالے بغیر اپنے اس زمانے کے مشاہیر کو نہ دیکھیں گے ہم ان کی وہ قدر نہیں کر سکتے جس کے وہ حقیقتاً مستحق ہیں۔ نہ ہمیں ان کے وہ خط و خال نظر آ سکتے ہیں جو ان کو ایک امتیازی مقام پر پہنچاتے ہیں۔ نظام الدین احمد نواب افضل الدولہ بہادر کے انتقال کے دو سال بعد ۱۸۷۱ء میں حیدرآباد میں پیدا ہوئے تھے یہ سالار جنگ اول اور امیر کبیر کی کو ریجنسی (Co-regency) کا زمانہ تھا۔ اس وقت برٹش ریذیڈنٹ کی سیاسی گھڑیاں بند رہ بھبکیوں کی حد سے نکل کر "واجب التعمیل دوستانہ مشوروں" کی شکل اختیار کر چکی تھیں اس وقت بھی ان کا خاندان انتظامات ملکی میں منسلک تھا۔ ان سیاسی گھڑکیوں کی رو سے یہ

ان کے بچپن کے کانوں میں پڑی تھیں۔ اپنوں کے مقابلہ میں امراء کا غرور یا
نخوت کا جذبہ اور "صاحب عالیشان بہادر" کے سامنے احساس بے چارگی
کا اظہار انہوں نے دیکھا تھا۔ ثروت و نکبت کے دل خراش فرق اور علم و فضل
کی بے مایگی کا ان کے دل پر بڑا اثر پڑا تھا اور پھر اپنی پختگی عقل و سال و
عروج کے زمانے میں اس خط پر بھی آنسو بہائے تھے جو لارڈ ریڈنگ نے
برار کی واپسی کی کوششوں کے جواب میں شہریار دکن کو لکھا تھا۔ ان کے
میٹرک کامیاب ہونے کے ایک سال پہلے سالار جنگ اول اپنی شکست خوردگی
کا صدمہ لیے ہوئے دنیا سے سدھار چکے تھے۔ سالار جنگ نے جو طریقہ اپنی
زندگی میں اچھے خاندانوں کے ہونہار بچوں کو انگلستان میں تعلیم دلانے
کا شروع کیا تھا اس سے مستفید ہونے کی تیاری انہوں نے سروجنی نائیڈو
کے والد ماجد ڈاکٹر اگھور ناتھ کے حلقہ درس میں شامل ہوکر کی اور مدرسۂ
عالیہ میں تعلیم حاصل کی۔ گو ان کی تعلیم کی ابتداء مدرسۂ اعزا میں ہوئی
جس کی ترقی و توسیع کا خیال ان کو مدت العمر رہا۔ اس زمانے میں سروجنی
دیوی سے جو ادبی رشتہ قایم ہوا وہ ان دونوں میں باوجود سیاسی بعد المشرقین
کے مدت العمر قایم رہا۔ دونوں علم و ادب کی صف شاعری میں منزل بہ منزل
استادی کے درجہ پر پہنچے۔ فرق اتنا رہا کہ سروجنی دیوی کا کلام شہرت دوام
حاصل کر گیا اور انہوں نے اپنے احساسات، ذہنی اور واردات قلبی کے
شہ پاروں کو ایک مخصوص حلقہ سے باہر آنے نہ دیا۔ ۱۸۸۸ء میں مرحوم
ٹرینٹی کالج کیمبرج میں شریک ہوئے۔ وہ پہلے حیدرآبادی نوجوان تھے

جنہوں نے ایل ۔ایل ۔بی کا امتحان اعزاز کے ساتھ پاس کیا اور پھر بیرسٹری کی سند لی ۔

اگرچہ اس دور میں ٹوریئزم (Toryism) کا زور انگلستان میں ختم ہو چلا تھا اور ڈیموکریسی اور ریڈی کلیزم کا بجوں میں آگئی تھی ۔ پھر بھی ہندوستانیوں کو جن تلخیوں سے مقابلہ کرنا پڑتا تھا وہ انہیں کا دل جانتا ہے جنہوں نے انیسویں صدی کے آخری دور میں اس کو سہا ۔ اس دور میں جو ہندوستانی نوجوان یورپ سے تعلیم حاصل کرکے واپس آتے تھے وہ سب سوائے چند خوش قسمتوں کے انگریز افسروں کی نظر میں کھٹکتے تھے یا تو وہ Toadyism یعنے ..... خوشامد کے شکار ہو جاتے تھے ۔ یا شہنشاہیت کے خلاف نفرت کے بیج بونے لگتے تھے ۔ انہیں نوجوانوں کی زبوں حالی پر اکبر الہ آبادی نے کہا تھا ؎

کچھ قدر نہیں اس کی پرسش بھی نہیں اس کی
نیٹو کی لیاقت بھی مفلس کی جوانی ہے

فلسفۂ جدید کے اکتساب کے باوجود نظام الدین احمد کی خاندانی سنجیدگی یورپ کے اخلاق سوز عادات پر ناک بھوں چڑھاتی رہی ۔ انہوں نے تمدنِ جدید کے ہر آئین کو قطعی اور ابلہانہ سمجھا ۔ تکمیل تعلیم سے فارغ ہو کر جب وہ حیدرآباد لوٹے تو انہوں نے اپنے دوسرے ساتھیوں کو غیرت مندی کو ہر جگہ ٹھوکر کھاتے دیکھا جس کو ان کی خودداری گوارا نہ کر سکی اور انہوں نے ترکِ وطن کرکے مدراس کا رُخ کیا اور وہاں کی ہائیکورٹ

میں "این رول" ہوگئے۔ ان کے دوران قیام انگلستان میں امراء کے محل صاحب کردار اور غیور طبیعتوں سے محروم ہو کر مصنوعی خلوص و محبت کے شیش محل بن چکے تھے۔ صدر المہام اور معین المہام کی حکومت ان کے معتمدین کے بل بوتے پر چلتی تھیں۔ ۱۸۹۲ء میں محسن الملک اس کے بعد وقار الملک پھر سرور الملک حیدرآباد سے خارج البلد ہو چکے تھے۔ اور سردار دلیر الملک کی دلاوری کو گھن لگ چکا تھا۔ عماد الملک ۱۸۸۸ء کے لگ بھگ ہی میں دنیاوی اقتدار سے قطع نظر کر کے پیشگاہ خسروی سے سررشتہ تعلیم کی جانب رجعت فرما ہو چکے تھے اور تمدنِ انسانی کے ضروری شعبہ جات کو قابل قدر امداد ملکی سیاست سے ہٹ کر خاموشی کے ساتھ پہنچا رہے تھے مسٹر ہرمزجی ہوم سکریٹری تھے۔ ہرمزجی کو جب یہ معلوم ہوا کہ جس نوجوان کو ان کے بنگلہ کا ایک ہی طواف عہدہ دلا سکتا تھا وہ مدراس ہائی کورٹ کی سیڑھیاں چڑھ رہے تھے تو فوراً اطلاع نامہ جاری ہوا کہ حسب قرارداد یا تو سرکاری خدمت انجام دو یا تعلیم کی رقم واپس کر دو۔ جس طرح دوسرے درمیانی طبقے کی خاندانوں کی حالت تھی رفعت یار جنگ اور ان کا بھائی کا ہر دم بیان اور پیارہ خالی تھا۔ نظام الدین احمد کے بڑے بھائی فصیح الدین احمد جو آگے چل کر رفعت یار جنگ کے خطاب سے سرفراز ہوئے اس وقت محض دوم تعلقدار تھے۔ نظام الدین نے یہ گوارا نہ کیا کہ اتنی بڑی رقم کا بار ان کی خاندانی جائداد پر ڈالا جائے۔ اس لیے وہ بادل ناخواستہ اپنی امنگوں اور امیدوں کی قربانی کر کے واپس آئے۔ انہیں یہ بھی عینہ

عدالت میں تقرر کر کے بھیج دیا گیا۔ اسی سال محض اپنے کردار اور قابلیت کے بل بوتے پر انہوں نے ہوم سکرٹری کے دفتر میں دوم مددگاری حاصل کرلی۔ پھر معتمد عدالت العالیہ ہوئے۔ فوجداری بلدہ کی نظامت اول کو سنبھالا۔ انڈر سکرٹری مجلس وضع قوانین بنے۔ پھر رکن عدالت العالیہ اور میر مجلس کی خدمت انجام دیتے ہوئے ۱۳۲۱ف کے پرآشوب زمانے میں معتمد سیاسیات ہوئے اور دو سال کے بعد صدرالمہام بن گئے۔ ان چوٹی کے عہدوں پر جو کچھ انہوں نے کیا اس کی تفصیل میں جانے والے کو ہزارہا امثلہ دیکھنا پڑیں گی۔ الحاصل انہوں نے موسیٰ ندی کی طغیانی کی تباہ کاری بھی دیکھی اور پھر حیدرآباد کو عروس البلاد بنانے میں بڑا حصہ بھی لیا۔ جب تک وہ عہدہ دار رہے زمانے نے ان کا ساتھ دیا مگر عمر کے آخری دور میں موت نے ان سے ناسازگاری کی۔ اور حیات اتنی بڑھی کہ انہوں نے وہ سیاسی طغیانی بھی دیکھ لی جس کے روکنے کے لیے ۱۹۲۵ء سے اپنی پوری تدبرانہ قوت صرف کر رہے تھے۔

ان کا عمل بچپن سے بڑھاپے تک "زیستن برائے خوردن" پر نہیں رہا۔ ذمہ دارانہ عہدوں کی مصروفیت جس کو انہوں نے کبھی ماتحتوں پر نہیں ڈالا۔ ان کا علمی اور ادبی ذوق عمادالملک کی صحبت میں عالمانہ راستہ پر بڑھتا گیا۔ دائرۃ المعارف اور آصفیہ کتب خانہ کی توسیع میں نظامت جنگ ان کے صلاح کار معاون رہے۔ انہیں کی صحبت میں نظامت جنگ کو یہ یقین ہو گیا کہ جب تک کہ مشرقی امور کی جانب توجہ نہ کی جائے اور

محاسن مذہبی کو اجاگر نہ کیا جائے ترقی ناممکن ہے۔ ان کے مزاج کی شگفتگی کو ان کی فطری سنجیدگی انہیں مرجھائے رکھتی تھی۔ مغرب کے بعد ان کے مانے گنے دو چار دوستوں جن میں نواب عابد نواز جنگ خصوصیت کے ساتھ قابل ذکر ہیں، کی صحبت میں ان کے ادبی لطیفے اور علمی بذلہ سنجیاں اپنا رنگ جماتی رہیں۔ جہاں ان کو اپنی انگریزی نظموں کی داد ملتی تھی اور وہ عابد نواز جنگ کی انگریزی نظموں کے اردو نظم میں ماہرانہ ترجموں کی داد دیتے تھے افسوس یہ ہے کہ ان دونوں کے یہ شہ پارے منظر عام پر نہیں آئے۔ سنہ ۱۹۱۸ء میں ان کی چند نظموں کا مجموعہ لندن میں بڑی اصرار کے بعد شایع ہوا۔ انگلستان کی ادبی دنیا میں ان نظموں کی بڑی آؤ بھگت ہوئی۔ جنگ عظیم کے بعد بہت کچھ کالے پن کا پردہ اٹھ چکا تھا۔ اور ہندوستانیوں کی لیاقت کا اعتراف سفید رنگ والوں پر کھلنا کم ہو گیا تھا۔ نظامت جنگ کے پاس تحسین و مبارکبادی کے بہت سے خطوط آئے۔ والد مرحوم نواب سراج یار جنگ نے بہت کچھ چاہا کہ وہ کم سے کم چند خطوط کے اقتباسات شایع کر دیئے جانے پر راضی ہو جائیں مگر انہوں نے پریس میں نہ دینا تھے نہ دیئے باوجودیکہ ان کے کلام و گفتار میں موسیقیت تھی وہ عیش و نشاط کی صحبتوں سے خواہ ان کے ہم عمر و ہم رتبہ دوستوں ہی کی کیوں نہ ہو بہت دور بھاگتے تھے۔ وہ صحیح معنوں میں ساری عمر برہمچاری رہے۔ ان کی اخلاق و تہذیب کی بلندیاں بڑے بڑے سربلندوں سے اپنی تعظیم کراتی تھیں۔ ان کی خودداری میں جیبی سائی کے فقدان اور تنہا پسندی کے میلان

نے انہیں مغرور اور جاہ پسند مشہور کر رکھا تھا مگر جن کو انہیں قریب سے دیکھنے اور ساتھ اُٹھنے بیٹھنے کا موقع ملا۔ وہ ان کے دلدادہ رہے۔ ان کو مرحوم میں وہ خوبیاں نظر آتی تھیں اور ان کی دوستی میں وہ راحت اور استقامت تھی جس کا اِس پُربہار ملک میں قحط تھا۔ ان کی سب میں بڑی خوبی جس نے ان کو ہر دلعزیز بنا رکھا تھا یہ تھی کہ وہ نوجوان اہل غرض کو امیدوں میں بہلانا ناپسند کرتے تھے اور پہلے ہی ملاقات میں معلوم کرادیتے کہ اُسے کس حد تک مدد کی توقع رکھی جاسکتی ہے۔ یہ کہنے والے تو بہت سے ملیں گے کہ نظامت جنگ نے مجھے ٹکا سا جواب دے دیا۔ ایسے غالباً مشکل سے ملیں گے جو یہ کہہ سکیں کہ مجھے نظامت جنگ نے یہ کہا تھا مگر کیا کچھ نہیں۔

۱۹۰۱ء میں سرونگر میں ملکہ وکٹوریہ کی یادگار میں ایک یتیم خانہ قائم کرنے کی تجویز ہوئی۔ اس غرض سے ایک کمیٹی سرمایہ فراہم کرنے کے لیے بنائی گئی۔ جس کے وہ اعزازی معتمد بنے۔ جو کوشش انہوں نے اس سلسلہ میں کی۔ اس کے افتتاح کے موقع پر سر ڈیوڈ بار ریذیڈنٹ وقت نے پرخلوص لفظوں میں شکریہ ادا کیا۔ اس وقت سے جو وہ ریذیڈنسی کی نظر میں چڑھے ہیں تو چڑھتے ہی چلے گئے۔ پہلی جنگِ عظیم کی خدمات کے صلہ میں ۱۹۱۹ء میں وہ او۔ بی۔ ای ہوئے۔ پھر سی۔ آئی۔ اے اور زمانہ صدر المہامی میں نائٹ بن گئے۔

سر آسمانجاہ کی وزارت کے زمانے ہی سے سکے کا مسئلہ ایک پریشان کن

صورت اختیار کرتا چلا آرہا تھا جس کو سر کیسون واکر نے اپنی معین المہامی کے دور میں ایک قانون منظور کرا کر ختم کرایا۔ سر کیسون نے اس سلسلے میں نظامت جنگ کی معلومات و معاملہ فہمی کا کھلم کھلا اعتراف کیا۔ انہوں نے اپنی رپورٹ میں لکھا کہ سب عہدیداروں سے زیادہ مفید مشورے نظامت جنگ نے دیئے جن کی بنا پر انہوں نے اس مسودے کے دفعات پر غور مکرر اور ترمیمیں کیں۔ رود موسیٰ کی طغیانی کے بعد بازیافت اور تقسیم مال کی جو مہم شروع کی گئی اُس کی نگرانی حلقہ بیرونِ بلدہ میں ان کے سپرد ہوئی اس کام کو جس خوش اسلوبی اور ہمدردی سے انہوں نے تکمیل کو پہنچایا اس کے سراہنے والے اور مرحوم کو دل سے دعا دینے والے آج بھی موجود ہیں اور ان کی خلوص اور ہمدردیوں کا ذکر کرتے ہیں۔ عدالت و امور عامہ کی معتمدی کے زمانے میں انہوں نے بیت المعذورین کے قیام کی کارروائی شروع کی اور سرکار سے دو ہزار روپیہ ماہوار کی ماہانہ امداد منظور کرائی۔

جوڈیشل اور ایگزیکیوٹو اختیارات کی علیحدگی کی داغ بیل انہیں کے ہاتھوں پڑی۔ جب انہوں نے اپنے زمانہ معتمدی میں مشیر قانونی کی شرکت میں تحصیلداروں سے دیوانی اختیارات لئے جانے اور منصفوں کی تعداد بڑھانے کی اسکیم سرکار میں پیش کی جو تھوڑی ترمیم کے ساتھ منظور ہوئی۔ جب حیدرآباد میں سٹی امپروومنٹ بورڈ قایم ہوا تو اُس کی اعزازی معتمدی کے فرایض کا بار انہیں کے کاندھوں پر ڈالا گیا۔ یہ کام کافی وقت اور سردردی چاہتا تھا۔ شہر کی آرایش اور گنجان آبادی کی توسیع و اصلاح

ان کا نام صدیوں زندہ رکھے گا۔ کرشنا اور تنگ بھدرا کی تقسیم آب کا جھگڑا مدراس اور حیدرآباد کی حکومتوں کے درمیان سالہا سال سے چلا آرہا تھا۔ دونوں حکومتوں کا ایک مشترکہ بورڈ اس مسئلہ کے تصفیہ کرانے کے لیے مقرر ہوا انہوں نے لارڈ پینٹلینڈ (Lord Pent Land) کو راضی کرلیا۔ حکومت حیدرآباد کی طرف سے وہ ۔مسٹر میکنزی چیف انجنیر اور مولوی حبیب الدین مرحوم شریک ہوئے۔ اس بورڈ کے ذریعہ ان امور کو منظور کرالینے میں جن پر حیدرآباد کی حکومت کو اصرار تھا وہ کامیاب ہوگئے۔

سر علی امام جب حیدرآباد میں آئے اور باب حکومت کی تنظیم عمل میں آئی تو اس میں انہوں نے سر علی کی بڑی مدد کی جس کا خود سر علی نے بار بار اعتراف کیا ہے۔ دو سیاسی شخصیتوں کے درمیان باوجود دوستی اور ہم جلیسی کے شبہات کا جو غیر شعوری پردا پڑا رہتا ہے وہ تھوڑے ہی دنوں میں چاک ہوگیا۔ سر علی اور ان میں اختلافات ہوئے لیکن کبھی ایک دوسرے کی نیت پر شبہ نہ ہوسکا۔ اور نہ ذاتیات کا بیر کبھی ان اختلافات میں نمایاں ہوا۔ دونوں کی افتاد زندگی اور طبیعتوں میں فرق تھا۔ نظامت جنگ پھونک پھونک کر قدم رکھنے کے عادی تھے۔ سر علی گو ایک ماہر ڈپلومیٹ اور کامیاب ایڈوکیٹ تھے لیکن کبھی کبھی ان کی طبیعت جوش میں آجاتی تھی اور وہ اپنے پیش نظر مقصد کے حصول کی خاطر اپنا سب کچھ داؤں پر لگادیتے تھے انہوں نے شملہ اور دہلی کا گرم و سرد دیکھا تھا۔ وہ حیدرآباد اور ملازمت کے خشک و ترسے قطعی ناواقف تھے۔ نظامت جنگ ان اوچھے ہتیاروں سے واقف تھے جو آئے دنا

ہندوستانی ریاستوں میں چلتے رہتے تھے۔ پرنس آف ویلز کی مہمان داری کے سلسلے میں رائج رسم کے منوانے میں سر علی نے لارڈ کرزن جیسے بلند پایہ انگریز سے ٹکر لی! اور نظام دکن کی شان رکھ لی۔ لیکن نتیجہ کیا ہوا؟

وہی جس کا نظامت جنگ کو خدشہ لگا ہوا تھا۔ ادھر جب سر اکبر اور سر علی کی چلی تو حضور نظام نے علی امام کے بازو پر رخصتی امام ضامن باندھ دیا ادھر گورنر کیا بلکہ شہنشاہ ہند کی پریوی کونسل کی ممبری تک سے سر علی محروم ہوگئے۔ جو وائسرے کے دوسرے ممبران قانون کو ملی! اور سر اکبر کو ۱۹۳۶ء میں یہ اعزاز بھی دے دیا گیا۔ انہیں سر علی کے چلے جانے کے بعد سے جن سیاسی گتھیوں میں آئے دن برس ہا برس الجھنا پڑا اُن پر نظر ڈالنا آج جب کہ شہنشاہیت اور آصف جاہیت دونوں ختم ہوچکی ہیں عبث ہے اپنی سیاسی زندگی میں انہوں نے اپنے ادبی ذوق کو گم ہونے نہیں دیا۔ وہ جامعہ عثمانیہ کے عنوان ادب کے میر مجلس تھے۔ انہوں نے پہلے کانوکیشن کے جلسۂ تقسیم اسناد و انعامات میں جو خطبہ پڑھا وہ آج بھی اتنی تعلیمی ترقی کے بعد کسی ماہر تعلیم کے سامنے رکھ دیا جائے تو وہ بھی یہ کہے گا کہ اس کا مصنف "تعلیم کا حقیقی دوست ہے اور علم کو "علم بالذات" سمجھ کر اس سے شیفتگی رکھتا ہے۔ اس کے فقرے فقرے سے عالمانہ شان ٹپکتی ہے۔ وہ یونیورسٹی میں ایسے پروفیسر چاہتے تھے جو تعلیم کا اصل اصول شفقت اور تربیت کو قرار دیں۔ اگر اساتذہ کے تقرر میں ان کی چل جاتی تو بندے ماترم سے شروع ہوکر دلکشا پر چڑھائی تک کے جو مظاہرے سر اکبر حیدری کو دیکھنے پڑے

اس کی نوبت نہ آتی۔ اس سے زیادہ ملک کی کیا بدقسمتی ہو سکتی ہے کہ جس نے
اپنی پوری پوری عمر فنون لطیفہ کی خدمت میں صرف کر دی ہو۔ اس کے مرنے
کے بعد اس کے شاعرانہ دل و دماغ کو لندن میں سراہا جائے اور یہاں ایک
نوجوان گریجویٹ بھی نہ نکلے جو ان کی انگریزی نظم سُنا سکے۔

ذاتی اغراض کے تحت اور بے غرض خدمت خلق کرنے والوں میں جو
فرق ہوتا ہے وہ ایک نہ ایک دن کھل ہی جاتا ہے۔ جزا سزا کی قائل قیامت
پر ایمان بالغیب رکھنے والی آنکھوں نے دیکھ لیا کہ حکومت سے علیحدہ ہو کر
سر نظامت جنگ مرحوم و مغفور کا جو زمانہ گذرا اس میں انہوں نے کتنا
توشۂ آخرت جمع کیا یہ ان کے خلوص ہی کا کرشمہ تھا کہ ان کا قلب "دیارِ
حبیب" کے پس ماندہ فاقہ کش مصیبت زدہ عوام کے درد سے جل اٹھا۔ حج و زیارت
کی دولت سے مالا مال ہو کر جب واپس لوٹے تو وہ شیخ سعدی کے "خرِ عیسیٰ"
کے مصداق نہ بنے۔ انہوں نے دامے درمے قلبے مدینہ والوں کو راحت
پہنچانے کے لیے اپنے مقدور سے کہیں زیادہ کیا۔ اس ضعیف العمری میں گوشۂ تنہائی
میں بیٹھ کر جو خدمت انہوں نے کی وہ ان کی قبر کو تا قیامت منور رکھے گی اور میدانِ
حشر میں اسی آن بان سے چلتا دیکھے گی جس سے وہ دنیا کے درباروں میں چلتے تھے۔
ان کی عمر کم اور رن وفا کرتی وہ ہز مجسٹی سلطان نجد اور خادم حرمین شریفین کو
اپنے وطن کی سرزمین پر قدم رکھتے دیکھ لیتے۔ مگر انہیں موت نے ایر ذر دم پر جانے
نہ دیا اور وہابی عقائد کی بندشوں نے خادم مدینہ کو اس شیدائے مدینہ کے مزار پر آنے نہ دیا۔

دامانِ نگہ تنگ و گلِ حسن تو بسیار گلچینِ بہار تو ز داماں گلہ دارد

وینکٹ راما ریڈی

مغلیہ دورِ حکومت سے کوتوال کا عہدہ چلا آرہا ہے۔ چھوٹے شہروں اور پرگنوں میں اس عہدہ پر تقرر ضلع کا قاضی کیا کرتا تھا۔ وہ فوجدار کا ماتحت ہوتا تھا اور قاضی کے احکام نافذ کیا کرتا تھا۔ اس زمانے میں اس کو میجسٹریٹ کے بھی اختیارات چند چھوٹے جرائم کی حد تک حاصل تھے اور لوکل جیل خانے بھی اسی سے متعلق تھے۔ دارالسلطنت میں کوتوال کو بادشاہ خود مقرر کرتا اور اس کا پایہ بہت بلند تھا۔ ڈاکٹر ناسو کیش نے کوتوال کے اختیار اس قدر وسیع بتلائے کہ گویا پایہ تخت کا گورنر وہی ہوتا۔ ایلیٹ نے اپنی تاریخ ہند میں لکھا ہے کہ دہلی کے ایک کوتوال کو بادشاہ وقت نے اتنا بڑھایا کہ ملک الامرا بنا دیا۔ علاوہ دیگر خدمات کے وہ شاہی دربار میں آداب و رسوم کی بجا آوری کا نگران بھی ہوتا۔ بازاری اشیاء کا نرخ مقرر کرتا، بیکاروں اور کاہلوں کو کام پر لگاتا۔ لاوارث مردوں کی تجہیز و تکفین کرتا۔ خزانوں پر پہرے بٹھاتا۔ تصفیے کرتا اور چھوٹے موٹے جرموں میں سزا بھی دے دیتا۔ جیل خانے بھی اس سے متعلق تھے۔ اس کے تحت میں ایک خاصی تعداد سواروں، پیدلوں اور برقندازوں کی رہتی۔ اتنے اختیار رکھنے والے کی رعونت اور شرفا کو ذلیل کرنے کی قوت کا نظارہ آپ نے "قلم غالب" میں دیکھا ہوگا جیسے کہ آپ

کی نئی تنظیم میں جس کی ابتداء "قانونچہ مبارک" سے ہوئی۔ کوتوال کے شاہی
روایتی اختیارات کشتیوں اور احکام کے ذریعہ متعین ہوتے چلے آرہے تھے۔
جو آگے چل کر قانون کوتوالی بلدہ کے ذریعہ ایک مستقل اور مستحکم شکل اختیار کرگئے
اور اس عہدے کی حیثیت کم و بیش کمشنر پولیس کلکتہ و بمبئی و مدراس کے شہروں
ایسی ہوگئی۔ البتہ روزانہ شاہی دیوڑھی پر حاضر ہوتے۔ زبانی احوال سُنانے
شاہی احکام سننے اور ان کی تعمیل کی سعادت حاصل کرنے کے باعث جو کوتوالی
کا رعب داب، وقعت و عزت باقی رہتی وہ کچھ کم نہیں تھی۔ موجودہ نصف سے
زیادہ صدی کے کوتوالوں میں عماد جنگ، لال خاں اور اکبر جنگ اس عہدے
کے ساتھ اپنے اپنے وقت کی خاص روایات چھوڑ گئے ہیں۔ پولیس ایکشن سے
پہلے تک بلدہ میں کوتوال شہر کی سواری پولیس کی سپاہیوں کی گونج میں
نکلتی تھی۔ غالباً وینکٹ راما ریڈی پہلے ہندو تھے جو اس عہدہ جلیلہ تک
لیاقت سے پہنچے۔

آنجہانی سمستان ونپرتی میں پیدا ہوئے۔ تلنگی کے علاوہ انہوں نے
اُردو فارسی بھی اس وقت کے دستور کے مطابق پڑھی۔ اپنے سرپرست ماموں
کے سُرگ باشی ہونے کے بعد انہیں ملازمت تلاش کرنا مناسب معلوم ہوا اور
وہ پولیس کے سررشتہ میں امین مقرر ہوگئے۔ اسی دوران میں انہوں نے امتحاناً
کوتوالی، عہدہ داران مال اور سررشتہ داری اور جوڈیشل میں کامیابی حاصل
کرلی۔ انہوں نے اپنی خدمت کو اس بہتر طریقہ سے انجام دیا اور اپنے اثر
میں اتنا رسوخ پیدا کرلیا کہ دس برس میں مہتمم پولیس ضلع کریم نگر بنا کر

بھیج دیئے گئے۔ ۱۳۱۹ف میں ضلع اطراف بلدہ کی ہتمی خالی ہوئی تو ان کا نام پیش ہوا جس کو شرف منظوری بارگاہ شاہی سے عطا ہوا۔ اس سلسلہ میں ان کا تعلق عوام و خواص کے علاوہ امراء سے بھی رہا۔ یہاں ان کی اپنی اہلیت قابلیت اور معاملہ فہمی دکھانے کا کافی موقع ملا۔ انہیں جو ہر دل عزیزی نصیب ہوئی اس کا تذکرہ ان کے اپنے موروثی سمستان ونپرتی کی معتمدی پر جانے کے بعد بھی ہوتا رہا۔ ونپرتی کی معتمدی کے زمانے میں انہوں نے سمستان کے نظم ونسق اور اس کی مالی حالت کے درست کرنے ہی میں اپنی صلاحیتیں صرف نہیں کیں بلکہ ایک عام بیداری اور تعلیم کا شوق اپنی کمیونٹی میں پیدا کرنا اپنا مقدم فرض سمجھا۔ وہ حال اور مستقبل قریب کو خوب سمجھ گئے تھے۔ سیاست کو پس پشت ڈال کر انہوں نے تعلیم کو آگے رکھا۔ سوشل حالت کے درست کرنے کی صورتیں نکالیں۔ اپنے ذاتی اثرات کو کام میں لاکر نوجوانوں کو انگلستان جاکر تعلیم حاصل کرنے کا راستہ بتلایا۔ اور انگریزی تعلیم کا شوق دلایا۔ خود بھی مالی مدد دی اور اہل ثروت کو بھی اس طرف متوجہ کیا۔ اس تعلیم کا اور اپنی کوششوں کا نتیجہ انہوں نے اپنی زندگی ہی میں دیکھ لیا کہ امرائے عظام اور والیان سمستان میں نوجوان راجہ ونپرتی ہی پہلا شخص تھا جو کھلم کھلا میدان سیاست میں آیا۔ اس حوصلے والے اور زمانہ شناس راجہ نے پولیس ایکشن کے بعد اپنی ریاست کو سب میں پہلے دیوانی میں ضم کرایا اور سوشلسٹ لیڈر بن کر اپنی رعایا کے ساتھ زانو سے زانو ملا کر عام جلسوں میں بیٹھا۔ نواب عماد جنگ مرحوم جب صدر عدالت گلبرگہ سے کوتوالی بلدہ آئے تو

انہوں نے وینکٹ راما ریڈی کو اپنا اول مددگار بنایا۔ اس دور میں جب طاعون اور انفلوئنزا کا زور ہوا تو وینکٹ راما ریڈی نے مریضوں اور بیکسوں کی مدد میں روپیہ ہی نہیں صرف کیا بلکہ اپنی جان خطرے میں ڈال کر تیمارداری سے بھی پیچھے نہیں ہٹے۔ ان کے اس عمل نے عوام کے دل میں وہ جگہ پیدا کرلی جو کسی پولیس کے عہدہ دار کو یہاں کیا برٹش انڈیا میں بھی نصیب نہیں ہوئی۔ باوجود فطری اختلاف طبیعت کے انہوں نے عماد جنگ مرحوم کے تحت ایک فرماں بردار ماتحت کی طرح کام کیا۔ خاص اور اہم مواقع پر وہ ان سے کہہ بھی دیتے کہ نواب صاحب آگے چل کر یہ ہوگا۔ عماد جنگ کی ناگہانی موت جب طاعون سے واقع ہوئی تو انہوں نے کوتوالی کا کام سنبھالا جس پر کچھ دن کے بعد موجودہ نظام نے انہیں مستقل کردیا۔ یہ زمانہ بڑی سخت دار و گیر کا تھا۔ پہلی جنگ عظیم کے اثرات نے برٹش انڈیا ہی میں ہلچل نہیں مچا رکھی تھی بلکہ حیدرآباد کو بھی خلافت ایجی ٹیشن سے دوچار ہونا پڑا تھا ہندوؤں میں بھی اپنے کسمپرسی کے احساس کے اظہار کی قوت آچلی تھی۔ اس پر سونے پر سہاگہ یہ کہ جانی مالی اور اخلاقی امداد کے باوجود جو اس ریاست سے جنگ عظیم میں اقتدار اعلیٰ کو پہنچی تھی۔ کنگ کوٹھی اور ریذیڈنسی میں بے آہنگی پیدا ہو چلی تھی۔ ان کی کوتوالی کے زمانے میں انسپکٹر جنرل پولیس جس پر اب تک انگریز چلا آرہا تھا محمود نواز جنگ مقرر ہوئے جو انگریزی اقتدار کو اور بھی ناگوار گزرا۔ اس پیچیدگی نے وینکٹ راما ریڈی کو مزید مشکلات میں ڈال دیا۔ ان دشواریوں کے باوجود انہوں نے بلدہ پولیس میں ایک نئی روح

پھونکی انہوں نے اپنے ماتحتوں کو قومی تحریک چلانے والوں کو بلا وجہ محض وہم و
گمان پر پریشان کرنے سے روکا بھی اور لیڈروں کو "یہاں تک اور اس
سے آگے بڑھنے کا مشورہ دیا۔ ان کی ملازمت کا سب میں بڑا کارنامہ یہ ہے
کہ جو پردہ کوتوالی اور چوٹ کے عہدہ داروں سے لے کر امراء اور جاگیرداروں
کے درمیان پڑا تھا اُسے عدم اعتمادی کہو یا شک و شبہ اس کو اپنے اعتماد عمل
اور طریقہ کار سے چاک کر دیا۔ وہ پہلے کوتوال تھے جس کا سابقہ انگریز صدر المہام
سے بڑا جو فوج میں کرنل بھی رہ چکا تھا اور سرحد پر پولیٹیکل آفیسر بھی اور پھر
علاوہ ان ہدایتوں کے جو تقرر کے وقت فارن آفس سے ملتی ہیں وائسرائے
کی زبانی بھی کچھ سن کر آیا تھا۔ پولیٹیکل شاعرانہ تعلیوں کے زمانہ میں انہوں نے
"باغباں بھی خوش رہے راضی رہے صیاد بھی" کو ایک حقیقت بنا کر دکھلایا
حضور نظام نے انہیں راجہ بہادر اور سرکار عظمت مدار نے او۔ بی۔ ای
بنا دیا۔ حکومت کی نظر میں جو بُری قدریں مواد فاسد ٹھیرتیں اُن کی یا تو وہ
مرہم لگا کر یا ہلکا سا نشتر دے کر وہیں کا وہیں ختم کر دیتے۔ ان کے خدمت
سے علیحدہ ہونے کے بعد آخر یہ مواد دس برس کے عرصہ میں اتنا بڑھ گیا
کہ آخر پھوٹ کر نکلا ہی۔ وہ کئی بار مجلس بلدیہ کے رکن اور ایک بار
وائس چیرمین بھی صرف خاص کے نمائندے کی حیثیت سے رہے۔ اور مجلس
وضع قوانین کے ممبر بھی۔ یتیم خانوں اور دوسرے اداروں میں بھی انہوں
نے عملی حصہ لیا۔

اپنی ان ذمہ داریوں اور مصروفیتوں میں گھر کر بھی اپنی قوم کے

سدھار کا جذبہ جو ان کے دل میں تھا ٹھنڈا نہیں ہوا۔ یہ انہیں کا دل گردہ تھا کہ انہوں نے ریڈی ددیالیہ اور ہوسٹل کو اتنی ترقی دی کہ جہاں نوجوانوں کو دماغی تعلیم کے ساتھ ساتھ کریکٹر سازی اور جسمانی تربیت دی گئی اس اسکول کے فارغ التحصیل نوجوانوں نے اس وقت تک جو کچھ کیا ہے وہ کام کچھ شاندار نہیں۔ چند تو ایسے نکلے جن پر آنے والی نسلیں فخر کریں گی۔ اس محسن کے آگے سرِ عقیدت جھکانے والے ریڈیوں کے علاوہ مسلمان اور ہندو بھی ہیں۔ ہر مکتبِ خیال کے لوگوں میں آنجہانی کو جو مقبولیت حاصل ہوئی وہ شاید ہی کسی کو حاصل ہوئی ہے۔ جن کی سمادی پر باپ ریڈی ایسا سورما، رنگا ریڈی ایسا وزیر باتدبیر اور راجہ رامیشر راؤ ایسا ایثار کرنے والا اپنی مختلف الخیالی کو بالائے طاق رکھ کر ایک ساتھ عقیدت کے پھول چڑھائے اور آنجہانی کے نقشِ قدم پر چلنے کی آرزو کرے۔ اگر ان کی صحت جواب نہ دے جاتی وہ اپنی زندگی کی آخری سانسوں میں بہت کچھ کرتے۔ ان میں جب تک طاقت رہی بستر پر پڑے ہوئے مشورے دیتے اور لوگوں کی مدد کی۔